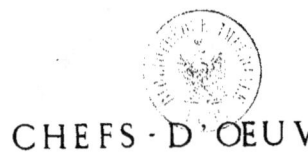

CHEFS-D'ŒUVRE

DE

LA GRAVURE

MODERNE

V

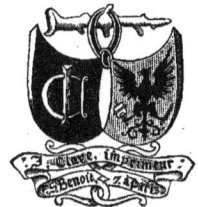

CHEFS-D'OEUVRE

DE

LA GRAVURE

MODERNE

PAR

LES PRINCIPAUX ARTISTES DE LA FRANCE ET DE L'ÉTRANGER

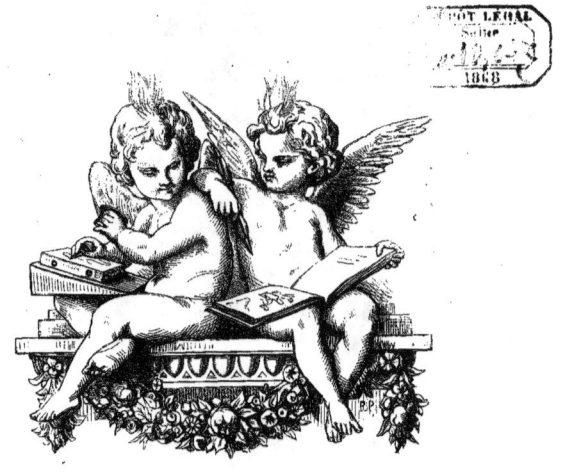

PARIS

MICHEL LÉVY FRÈRES, ÉDITEURS

RUE VIVIENNE, 2 BIS, ET BOULEVARD DES ITALIENS, 15

A LA LIBRAIRIE NOUVELLE

—

M DCCC LXIX

Droits de reproduction et de traduction réservés

CHEFS-D'ŒUVRE

DE LA

GRAVURE MODERNE

I. — RUBENS ET SA FAMILLE, par Rubens.

Ce magnifique tableau fait partie de la célèbre galerie qu'on admire en Angleterre, au château de Blenheim. Le maître s'y est peint en personne avec un de ses jeunes enfants et sa deuxième femme, Héléna Fourment ou Formann, dont il ne craignit pas d'unir les seize printemps à ses cinquante-trois années.

II. — LE SOIR DE LA BATAILLE D'AZINCOURT, par M. J. Gilbert.

Crécy, Poitiers, Azincourt! trois dates qui marquent d'une façon sinistre pour la France les longs et cruels débats de la guerre de Cent ans! Azincourt surtout porta un coup terrible à la monarchie française, pendant la démence de Charles VI. Ce fut le 25 octobre 1415 qu'eut lieu cet immense désastre. Il se résume en ce seul fait qu'il fut impossible aux Français embourbés de faire un pas ni pour avancer ni pour fuir. Les archers anglais, après les avoir accablés sous une grêle de traits, se firent jour à travers cette masse vivante et immobile, frappant sans relâche autour d'eux de la hache et de la massue, fauchant comme blé toute cette fière chevalerie qui avait voulu être au premier rang et qui se trouvait empêchée sous la lourdeur de son attirail guerrier. Dix mille Français, presque tous gentilshommes, restèrent couchés dans la plaine d'Azincourt.

III. — PORTRAIT D'UN BOURGMESTRE, par Rembrandt.

Il est inutile, croyons-nous, d'appuyer sur le mérite d'une œuvre dont le fini et l'effet rappellent la facture la plus brillante du maître. La date 1637, qu'on peut lire dans un coin du tableau, indique que Rembrandt le peignit à l'âge de trente et un ans, c'est-à-dire lorsqu'il était dans toute la plénitude de son talent.

Ce tableau, qui appartenait à la galerie du duc d'Orléans avant la Révolution, et qui était passé en Angleterre, parut, en 1848, dans une vente faite à Stowe. Il fut adjugé pour la somme de huit cent cinquante livres sterling et dix shillings, un peu plus de quarante-cinq mille francs.

IV. — LE WAAL ET LA MEUSE, PRÈS DE DORDRECHT, par M. A. Anastasi.

Dans ce tableau, l'onde est transparente et profonde; les nuages, éclairés obliquement par le soleil qui s'enfonce à demi dans la mer, reflètent de vives clartés. Pourtant l'aspect est sombre, triste, en quelque sorte humide et glacé. Il n'y a pas à s'y tromper, nous sommes dans le Nord. Le soleil n'est point là comme en Italie; on dirait que ce n'est pas le même. Les arbres, exposés à des courants atmosphériques constants, s'inclinent dans le même sens. Ils sont vivants dans leur attitude et disent quel climat les influence.

V. — MARIE-ANTOINETTE, par Paul Delaroche.

Paul Delaroche a compris et rendu avec une grande puissance d'intuition les sentiments qui devaient animer la reine, les juges et l'auditoire. La séance est close; le président Dumas affecte un air sévère; les gardes nationaux des sections simulent l'indifférence. Le public est partagé; quelques visages n'expriment que la curiosité ou l'étonnement; sur d'autres se peignent la haine et la colère. Sans crainte de s'attirer les remontrances des mégères des faubourgs, une jeune fille se laisse entraîner à une tendre et touchante émotion. Au centre de tous ces groupes rayonne la majestueuse figure de Marie-Antoinette.

VI. — L'EXÉCUTION DE MARIE STUART, par M. J. Gilbert.

Le crayon magique de M. Gilbert nous fait assister aux derniers moments de Marie Stuart en nous transportant dans la salle basse du château de Fotheringay quelques moments avant l'exécution.

L'échafaud était couvert de frise noire d'Angleterre, ainsi que le siége, le coussin et le billot où Marie devait s'asseoir, s'agenouiller et recevoir le coup fatal.

La reine portait une robe de satin cramoisi-brun à corsage de satin noir d'où pendaient des chapelets et des scapulaires, un manteau de même couleur avec parements en zibeline; un grand voile blanc tombait de sa tête jusqu'à ses pieds. Arrivée sur l'échafaud, elle écouta en silence la lecture de l'arrêt, puis elle s'agenouilla et se mit à prier.

VII. — PÊCHEURS DES ENVIRONS DE DIEPPE, par M. Clarkson.

Dieppe possède des environs charmants, et, du haut des falaises, des points de vue superbes, de charmants effets de marines, comme celui que nous reproduisons.

VIII. — LA MORT DE RICHARD II, par M. J. Gilbert.

En l'an 1399, le duc de Hereford, fils aîné du duc de Lancastre et cousin du roi d'Angleterre Richard II, fit déposer solennellement ce prince en plein parlement, pour cause de tyrannie, et monta sur le trône sous le nom de Henri IV. Il donna ainsi naissance, entre les deux maisons d'York et de Lancastre, à cette querelle terrible de la Rose rouge et de la Rose blanche qui, pendant plusieurs années, inonda de sang l'Angleterre.

Bientôt, la chambre des pairs déclara que Richard II devait être enfermé sous bonne et sûre garde dans quelque prison secrète, et privé de toute communication avec ses partisans. Il était aisé de prévoir dès lors que l'infortuné Richard II ne conserverait pas longtemps la vie. La tradition rapporte que quelques-uns de ses gardes se jetèrent sur lui dans le château de Pomfret, où il était enfermé, et l'assassinèrent à coups de hallebarde.

IX. — HENRI VIII ET LES CHIRURGIENS DE LONDRES, par Holbein.

Notre gravure reproduit la fameuse toile que l'on voit dans Monkwell-street, à la Chambre des chirurgiens, à Londres, et qui fut commandée par les membres de ce corps, en commémoration des priviléges que Henri VIII leur accorda en 1541.

Le monarque y est représenté assis sur un trône et accordant lesdits priviléges à la célèbre confrérie. Autour de lui, et à genoux, sont les plus notables chirurgiens de l'époque.

X. — MENDIANTS A ROME, par M. W. Thomas.

A Rome, le mendiant a quelque chose de la majesté du peuple-roi. Vous le rencontrerez, à ses moments perdus, à la porte de San-Andrea, de Monte-Cavallo, de Sainte-Marie-Majeure ou de Saint-Jean de Latran. On le voit encore rôder sur les ports de Ripetta ou de Ripa-Grande; mais si la charité des dévots n'a pas été suffisante, le pauvre romain n'est pas à bout de ressources : il s'en va avec sa famille sur la place d'Espagne; il s'arrête en face du séminaire de la Propagande, devant le café *Nazzini*, où se réunissent des artistes de toutes les contrées, et principalement des élèves de la villa Médicis. C'est le marché aux modèles pour les jeunes artistes qui sont envoyés à Rome par la France.

XI. — FALSTAFF ET SES RECRUES, par M. J. Gilbert.

Chargé par le prince de Galles de lever des recrues et d'organiser une troupe avec laquelle il doit marcher à la suite de l'armée du roi dans l'expédition contre les rebelles, Falstaff s'est servi de son mandat pour pressurer les fils de bourgeois et de propriétaires. Après leur avoir bien fait payer leur exemption de service, il forme sa troupe de misérables déguenillés, de garçons de cabaret chassés par leurs maîtres, de soldats réformés, de voleurs et de pillards.

Le voilà nonchalamment assis dans un large fauteuil, à la porte de la taverne, passant la revue de ses soldats pendant qu'un vieux scribe, à son côté, prend leur signalement.

XII. — LES TROIS FRÈRES, par Mlle Rosa Bonheur.

Quels sont ces trois frères? Eh, mon Dieu! tout simplement trois chétifs baudets nés sous le même chaume, compagnons de travail et de misère. Ils appartiennent à ce pauvre paysan que vous apercevez au fond du tableau, et, du soir au matin, qu'il pleuve ou qu'il vente, que la neige couvre le sol ou que le soleil darde ses plus ardents rayons, il leur faut transporter de lourdes charges de genêts ou des fagots de bois mort à travers les sentiers rocailleux de la montagne. On dirait que la nature se fait mélancolique aussi, pour compatir à leurs peines.

Voilà à coup sûr un admirable tableau, rempli d'observation et de sentiment, peint avec une incontestable supériorité, un tableau digne, en un mot, du nom célèbre qui l'a signé.

XIII. — LE BERGER DES HIGHLANDS, par M. Ansdell.

Un rude et pittoresque pays que les Highlands! Ce ne sont partout que montagnes entrecoupées de vallées profondes, forêts sombres, sol aride et semé de bruyères. Et quelle forte race d'hommes que les Highlanders!

M. Ansdell, nous montre un montagnard écossais revenant à son clan emportant sous son bras une petite brebis malade. Cette composition originale, témoigne d'une grande habileté de dessin et d'une rare énergie de pinceau.

XIV. — L'ATELIER DE REMBRANDT, par M. J. Gilbert.

Ce qu'on dit ordinairement d'un auteur, qu'il se peint dans ses ouvrages, peut se dire surtout de Rembrandt. Tels sont les tableaux, c'est-à-dire violents de contrastes, étranges et heurtés pour celui qui veut les regarder de près, tel était le peintre. Sa manière de vivre n'était pas moins extraordinaire que sa façon de penser. Sa physionomie assez commune, ses allures brusques et fantasques répondaient à la bizarrerie de son habillement. Il ne se plaisait qu'avec des gens de mince condition, disant que quand il voulait se distraire il avait besoin de liberté et non pas d'honneurs. Il avait en horreur les antiques et ce qu'on appelle les académies, et il se bornait à l'imitation de la nature vivante.

XV. — SAINT GEORGE, par M. J. Gilbert.

Au moyen âge, les chevaliers professaient une dévotion particulière pour saint George, parce que, au rapport de Métaphraste, il avait été lui-même guerrier. Les Anglais, sous leurs rois normands, rapportèrent des Croisades une grande dévotion à saint George. Le concile national, tenu à Oxford en 1222, ordonna que sa fête fût de précepte dans toute l'Angleterre. Ce fut sous sa protection qu'Édouard III mit l'ordre de la Jarretière, qu'il institua en 1347.

XVI. — LE PIFFERARO, par J. Gilbert.

Vous l'avez rencontré à l'angle de quelque carrefour tourmentant sa cornemuse aux sons aigrelets, cet enfant de l'Italie méridionale, à la chevelure de jais et au teint de revers de botte; vous l'avez vu dans son pittoresque costume, avec son chapeau pointu roussi par le soleil, sa veste de peau de mouton et son manteau d'amadou, traînant mélancoliquement ses semelles de buffle, que retient une bandelette de couleur serrée autour de la jambe. Le pifferaro est le musicien nomade par excellence. Il ne craint pas d'aller chercher fortune par delà les monts; mais nulle part il ne demeure. Quand sa récolte de gros sous est faite, il s'en retourne dans ses montagnes, n'étant partout ailleurs qu'un oiseau de passage.

XVII. — ARRESTATION DE CHARLES Ier, A WIGHT, par M. J. Gilbert.

L'armée royale ayant été anéantie à Neds, Cromwell envoya un petit corps de troupes dans l'Ile de Wight pour s'emparer de Charles Ier. On le prit sans résistance dans son lit, et on l'emmena au château de Hurst, où il demeura huit jours. De là, il fut transféré à Carisbrock, et finalement au château de Windsor, d'où il ne sortit que pour monter sur l'échafaud.

XVIII. — UNE RÉPÉTITION DE MUSIQUE, AU CAIRE, par M. M***.

Sous ce titre, un touriste, qui modestement a voulu se couvrir du voile de l'anonyme, a produit une œuvre d'un incontestable mérite. C'est une étude superbement jetée, très-pittoresque et d'une vérité parfaite de costumes.

XIX. — PATINEURS EN ZÉLANDE, par M. A. Dellens.

M. A. Dellens nous transporte en Zélande, à l'embouchure de la Meuse, entre les îles de Walcheren et de Beveland. Le costume pittoresque des habitants, l'allure hardie des patineurs, leur naturel, tout émerveille les touristes qui visitent ces contrées pendant l'hiver. Dès l'aube, ce sont d'abord les laitières qui, le pot au lait fièrement posé sur leur tête, passent rapides sur les ondes glacées en tricotant. Puis, c'est la foule des promeneurs; et, enfin, à la brume, les couples amoureux qui courent sur la glace, en chuchotant de tendres confidences.

XX. — GIBIER ET FRUITS, par M. G. Lance.

Pour ce genre de tableau, une description est chose assez superflue. *Nature morte :* ces deux mots inscrits sur un catalogue suffisent à toutes les exigences de la curiosité. Il reste au peintre à séduire les yeux par l'éclat de son coloris, l'ordonnance ingénieuse de sa composition, la souplesse de son pinceau. M. Georges Lance est un artiste assez habile pour réaliser ce programme.

XXI. — PASSION ET PATIENCE, par M. S. C. Barnes.

Le galant n'a pu se rendre au rendez-vous et s'est fait remplacer par un courrier porteur d'une lettre d'excuses. Les excuses sont-elles valables? L'impossibilité de la visite est-elle bien réelle? Ne serait-ce pas plutôt que la préoccupation d'une autre conquête l'a emporté bien loin de là?

Toutes ces réflexions, et d'autres encore, se pressent et se heurtent dans l'imagination de la dame. Vite une plume, une feuille de papier : il faut qu'elle réponde de la belle manière à l'ingrat qui sait si mal reconnaître ses bontés. Mais la lettre, à peine terminée, lui déplaît; elle la déchire en mille miettes. Ainsi de suite d'une troisième et d'une quatrième, et le tapis est jonché d'une neige de petits morceaux de papier glacé.

La duègne est debout. Elle contemple cette agitation avec le calme que lui donne sa longue expérience. Au fond, le courrier, qui n'a pas encore soupé, bâille à se désarticuler la mâchoire.

XXII. — JEANNE D'ARC A REIMS, par M. J. Gilbert.

La scène crayonnée d'une façon si grandiose par M. Gilbert est celle où la vierge de Domremy se jette, après le sacre, aux genoux de Charles VII, pour le supplier de la laisser revenir dans son village. Rien de plus suave que la tête de Jeanne d'Arc. L'inspiration céleste s'unit à la grâce de la jeune fille. Le pressentiment du malheur qui s'approche a déjà jeté un voile de tristesse sur ce front que couronne une blonde chevelure, semblable à une première auréole.

XXIII. — JANE GREY, par M. F. Wyburd.

Nous ne connaissons guère de figure historique plus aimable que ne l'est celle de cette reine d'un jour, morte à seize ans, triste victime des passions politiques. Cette noble fin couronnant cette vie simple et studieuse, tant de grâce et de jeunesse jointes à tant de malheurs, tout cela est fait pour entourer le nom de Jane Grey d'une sympathie touchante.

Représenter cette princesse lisant, c'est rappeler son goût pour l'étude, goût qui fut si profond chez elle et que tous ses contemporains se sont plu à constater.

XXIV. — LES ÉMIGRANTS, par M. C. Schlesinger.

Le père et la mère, celle-ci serrant son dernier-né sur son cœur, jettent un adieu suprême au pays sous le gazon duquel dorment des êtres aimés, et dont le soleil a réchauffé le berceau de leurs enfants. Le chien regarde autour de lui et semble interroger son maître avec inquiétude. Ce groupe, c'est la tristesse : il a les yeux fixés sur le passé.

A l'avant du canot, un petit garçon et sa sœur saluent allégrement le vaisseau où ils vont s'embarquer. Ils personnifient la soif de l'inconnu, la confiance en l'avenir.

Quant au vieux marin, la pipe à la bouche, il rame avec insouciance. Ce spectacle ne peut le toucher : il en a tant vu passer de familles d'émigrants! Voilà un philosophe.

XXV. — PORTRAIT DU PRÉCEPTEUR DU TITIEN, par Moroni.

On chercherait vainement dans le commerce des estampes une reproduction de cette œuvre magistrale de Giovanni-Baptista Moroni, qu'une tradition assure être le portrait d'un jésuite, maître d'école ou précepteur du grand Titien. Cependant ce portrait, ainsi que celui du peintre peint par lui-même, qu'on voit à Florence, sont cités comme des œuvres capitales en ce genre.

XXVI. — MARIE STUART DEVANT LE BERCEAU DE SON FILS, par Mme Ward.

En 1567, lors d'une visite à ce château de Stirling, où, vingt-quatre ans auparavant, elle avait été sacrée reine d'Écosse, Marie Stuart, saisie d'un secret pressentiment qu'elle adressait peut-être à son fils un dernier adieu, fit jurer solennellement au comte de Marr, à la garde duquel le jeune enfant avait été jusque-là commis, qu'il s'engageait à défendre contre tout péril le précieux dépôt qui lui était confié. La femme qu'on voit se pencher avec intérêt vers le berceau est la comtesse de Marr, confidente de la reine et gouvernante du prince royal.

XXVII. — LA JEUNE MÈRE, par M. E. Barnes.

La maison est modeste; mais on devine sans peine qu'elle abrite la paix et l'honnêteté. L'heure du coucher est venue, et la jeune mère, pleine de sollicitude, se dirige vers l'étage supérieur pour déposer elle-même dans leurs berceaux ses enfants bien-aimés. Elle tient dans ses bras, appuyé contre sa poitrine, son dernier-né, un bon gros baby qui, par anticipation, dort de toutes ses forces. La petite fille, qui sait déjà courir et gambader, précède sa mère et commence à gravir l'escalier. Pourtant elle trouve les marches bien hautes pour ses petites jambes; aussi s'amuse-t-elle à les escalader à genoux.

XXVIII. — TROUPEAU REGAGNANT L'ÉTABLE, par M. F. Voltz.

Fraîcheur, grâce, vérité, poésie, toutes les qualités semblent réunies dans la jolie composition de M. Voltz, qui figure à la nouvelle pinacothèque de Munich. Un troupeau de vaches regagnant l'étable par une belle soirée d'automne, c'est là tout le sujet; mais il faut reconnaître qu'il est traité de main de maître, et le spectateur aurait peine à rester froid devant un tableau qui respire si bien le calme des champs et la sérénité grave et douce de la nature.

XXIX. — LA DERNIÈRE TOILETTE, par M. Ward.

Quelle est cette belle jeune fille dont l'épaisse chevelure tombe sous les ciseaux du bourreau, tandis qu'un jeune peintre a obtenu de reproduire ses traits pour la dernière fois? On dirait que, dans ce cachot, il y a comme le parfum d'un roman d'amour qui va finir dans la tombe.

XXX. — LE RETOUR D'UNE FÊTE DE VILLAGE, EN SOUABE, par M. Ch. Lasch.

Vous voyez une troupe de paysans de la Souabe, qui reviennent d'une fête de village, où la journée s'est passée au milieu de la joie, des cris, du mouvement, où l'on a absorbé une quantité de bière prodigieuse. Sur le devant de la scène, une jeune fille essaye des souliers neufs dont elle a fait emplette. Un papa porte le bambin qui ne peut continuer sa route à pied. La mère conduit la petite fille qu'elle a gratifiée d'une poupée, et prête l'oreille à la criarde harmonie dont la régale le galant ménétrier. Un jeune gars ébauche des entrechats et brandit sa pipe, pendant que deux jolies filles échangent en souriant leurs confidences. Un autre couple, à l'arrière-garde, termine un tendre entretien par un baiser non moins tendre.

XXXI. — LA SORTIE DE L'ÉGLISE, par M. G. Koller.

Le porche d'une vieille cathédrale gothique; une famille noble qui sort du saint lieu et fait l'aumône à un petit mendiant pendant que sa vieille grand'mère égrène son chapelet en murmurant une prière, tel est le sujet de ce charmant tableau : sujet souvent traité, mais que le talent du peintre a su rajeunir.

XXXII. — UN DUEL A LA TAVERNE, par M. J. Gilbert.

Une taverne enfumée, un vieux bahut, çà et là des chaises renversées, à terre, un homme baignant dans son sang; puis, alentour, des individus, dont l'un essuie sa lame tandis que les autres, le poing sur la hanche, en justaucorps et le feutre à plumes crânement placé sur l'oreille, font galerie, tout cela prête on ne peut mieux au dessin et à la couleur.

XXXIII. — PRÉPARATIFS DE LA CHRISTMAS, A LONDRES, par Mlle E. Osborne.

En Angleterre, il faut qu'une maison soit bien pauvre pour ne pas avoir, à Noël, son arbre symbolique et son triomphant plumpudding. Les appartements ont été ornés de guirlandes de houx, il y a des feuillages partout, aux lustres, aux meubles, aux vieilles armures des ancêtres. Les enfants se pâment d'aise devant les arbres de Noël, et, de fait, rien n'est plus charmant que ces petits sapins qui dominent la table du souper, et dont chaque branche porte une bougie allumée et un jouet aux vives couleurs.

XXXIV. — BERNARD PALISSY, par Mme Ward.

L'humble potier, dont le nom deviendra celui d'un immortel artiste, tient enfin le secret de l'émail depuis si longtemps cherché; son four, il l'a construit de ses mains; du bois pour le chauffer, malgré l'épuisement de ses ressources, il est parvenu à s'en procurer. Après avoir laissé s'éteindre le feu péniblement entretenu, il ouvre son fourneau, tout palpitant d'espoir et d'inquiétude... O déception! le mortier dont il avait maçonné son four était plein de cailloux qui, éclatant sous l'action du feu, avaient poudré de leurs débris l'émail brillant des poteries.

XXXV. — UN CAVAS SYRIEN, par M. C. Haag.

Qui n'a pas entendu parler des *cavas*, sorte de gendarmes ou mieux de gardes armés des hauts personnages officiels en Orient, tels que les gouverneurs, les pachas et les consuls?
C'est un de ces types, au costume original, avec tout son arsenal d'armes passées dans la ceinture, son long fusil à la main, le yatagan recourbé pendant à son côté, que M. Haag a peint d'après nature. Il est impossible de camper plus fièrement un plus beau type et de tirer un meilleur parti du pittoresque d'un costume.

XXXVI. — LA MORT DE PENTHÉE, par M. Ch. Gleyre.

Penthée, fils et successeur du roi de Thèbes Échion, s'était, selon la Fable, déclaré l'adversaire acharné du culte de Bacchus dans ses États. Le dieu prodigua vainement les miracles pour changer ces dispositions. Penthée périt enfin, égorgé et mis en lambeaux, pendant les fêtes de Bacchus, par sa propre mère Agavé et ses deux tantes, qui, aveuglées par Bacchus, le prirent pour un lion.
Tout dans cette œuvre, que l'on admire au musée de Bâle, est digne de l'éminent artiste qui, dès ses débuts, mérita d'être surnommé le peintre poëte.

XXXVII. — LA LAYETTE, par M. Ch. Lasch.

La donnée de ce délicieux tableau de chevalet, traité à la façon de l'école flamande, est aussi simple que sympathique. Une jeune épouse, qui sera bientôt mère, prépare les petits vêtements destinés à son premier-né.

XXXVIII. — LE CHIEN AUX ÉCOUTES, par M. E. Landseer.

Voici un tableau qui n'est pas seulement remarquable au point de vue de l'exécution et comme spécimen d'un genre où Landseer compte peu de rivaux parmi les maîtres contemporains. Un brave chien de race attend devant une porte fermée le retour de son maître, un chevalier du vieux temps. Le gantelet d'acier sur la table, la plume d'aigle gisant sur le sol, les traces de sang qui tachent le plancher font songer à quelque lutte meurtrière.

Cette peinture fait partie de la collection d'animaux exposée dans le musée de Kensington.

XXXIX. — GUY FAWKES ET JACQUES Ier, par M. J. Gilbert.

Dans la nuit du 4 au 5 novembre 1605, Guy Fawkes fut saisi dans les souterrains de Westminster où il préparait la mine destinée à faire sauter le Parlement. Sans retard le prisonnier fut conduit au palais de Whitehall, pour y être interrogé par le roi et par son conseil privé réuni en toute hâte. Introduit tout garrotté dans la chambre à coucher du souverain, Guy Fawkes ne perdit pas courage un seul instant. Il répondit avec autant de hardiesse que de sang-froid aux questions qui lui furent adressées, et, sommé de nommer ses complices, ni les menaces ni les promesses ne purent vaincre son refus.

XL. — SUR LA ROUTE DE JÉRUSALEM, par M. Schreyer.

Le titre que M. Schreyer a donné à sa toile nous indique assez que cet Arabe arrêté au bord d'une fontaine a été pris sur nature. C'est bien là le type du Bédouin syrien, enfant du désert aux traits mâles, au corps de fer sous les plis épais de son burnous.

XLI. — LA DERNIÈRE ALLUMETTE, par M. W. Thomas.

Il en est à sa dernière allumette! Qu'elle s'éteigne avant que sa pipe soit allumée, et c'en est fait, pour ce brave garçon, du bonheur d'exhaler avec chaque bouffée de fumée ce que l'impitoyable réalité apporte à chacun de nous de tristesses et de soucis.

XLII. — LES SŒURS DE LAIT, par M. J. Bostock.

La fille du fermier est pâle, chancelante, amaigrie; un mal terrible, la pulmonie sans doute, mine son existence. La fille du châtelain, sa sœur de lait, possède au contraire cette fraîcheur et ce riant incarnat qui siéent si bien à la dix-huitième année.

Dieu merci! si elle réunit la fortune, la richesse et la santé, elle a bon cœur aussi, et elle est venue passer la journée du dimanche auprès de la compagne de ses premiers ans.

Elle lit le saint office que celle-ci n'a pu aller entendre à la paroisse, elle tente de faire pénétrer une douce résignation dans son âme. Le père et la mère de la malade regardent tristement et se taisent.

XLIII. — LA CAMPAGNE DU POITOU, AU MOIS DE MAI, par M. C. Hulme.

Comme elles sont paisibles et charmantes, sous le riant soleil de mai, ces vastes campagnes poitevines! Ici l'herbe fraîche et touffue de la prairie; là les jeunes pousses de blé, espoir de la moisson prochaine. De distance en distance, des chênes séculaires baignent leurs racines dans les clairs ruisseaux qui passent en chantant. A l'horizon bleuâtre, vous apercevez les molles ondulations de coteaux boisés, et au milieu de la feuillée se dessine le toit rougeâtre d'une ferme ou bien la svelte tourelle d'un château. Le vent vous apporte des sons de clochette; des troupeaux de bœufs et de moutons sortent des métairies et suivent les chemins creux pour gagner les pâturages. Le coq lance sa note aiguë; le berger jette à l'écho son refrain mélancolique; dans le lointain tinte une cloche. Cette harmonie naïve et patriarcale saisit l'esprit du voyageur et l'entraîne dans une poétique rêverie.

XLIV. — SUR LA ROUTE DE GIBRALTAR, par M. R. Ansdell.

Le long de la route sablonneuse, un *arriero*, juché sur sa mule, s'est arrêté devant une modeste *posada*; sa fidèle guitare forme son unique bagage.

— Mignonnes demoiselles, dit-il à deux belles jeunes filles aux yeux noirs qui devisent sur le seuil, j'arrive de loin et je meurs de soif. Mon plus vif désir, après celui de vous voir, serait de boire frais.

La demande est galamment tournée, aussi est-elle bien accueillie. Une des jeunes filles présente au muletier son alcarazas rempli d'eau limpide; tandis que l'autre, peut-être mieux avisée, a été lui chercher un verre de vin généreux.

XLV. — LE DORMEUR SURPRIS, par M. A. Burr.

Le bras du magister est levé, et le réveil sera dur. Il n'a pas l'air bien méchant, du reste, ce magister! Il semble qu'il retienne la violence première de son geste, pour ne point faire trop de mal au coupable. Pourtant voilà une petite fille bien effrayée de ce coup qui ne lui est pas destiné; sa voisine, moins nerveuse sans doute, est charmante par l'expression d'intérêt répandue sur toute sa physionomie.

XLVI. — LE DANTE ENTOURÉ DES FEMMES NOBLES DE RAVENNE, par M. A. Feuerbach.

M. Anselme Feuerbach est un des meilleurs peintres de l'école moderne allemande. Dans le tableau que nous reproduisons, l'auteur de *la Divine Comédie* est représenté se promenant et conversant avec quelques nobles dames de Ravenne, dans la société desquelles il se plaisait. Cette toile fait aujourd'hui partie de la collection du grand-duc de Bade. Comme toutes les autres toiles de l'artiste, elle brille par un véritable talent auquel se joint une grande finesse d'exécution. On y sent une étude profonde de la manière des anciens maîtres.

XLVII. — UNE IDYLLE DANS LE DÉSERT, par M. Haag.

C'est à l'heure indécise où la lune n'a pas disparu encore, et où le soleil projette faiblement ses premières lueurs à travers le brouillard matinal. La famille arabe s'est mise en route. Le mari a pris le devant, tenant par la bride son chameau qui marche à pas comptés, comme pour mieux étirer ses membres après le repos de la nuit. L'Arabe est content. Il a son bon cimeterre au côté. Derrière lui, la bête docile, au flanc de laquelle pend une outre pleine, porte sa jeune femme et son enfant, sa joie du présent et sa joie de l'avenir.

Alors, il a passé la longe du chameau dans ses bras, et, prenant sa flûte, a commencé d'en faire retentir les solitudes désertes.

XLVIII. — LA PRIÈRE DU SOIR, par M. J. Burr.

La journée est terminée. Elle vient de sonner l'heure du repos. Déjà l'aîné de la famille s'est endormi au coin de la cheminée où l'eau chante dans la bouilloire. La pieuse mère appelle alors sa petite fille blonde; elle la fait agenouiller devant elle, les mains jointes, et lui fait réciter sa prière du soir, pour remercier le Seigneur de leur avoir donné le pain quotidien et pour appeler sa bénédiction sur les affligés.

XLIX. — LA MORT DE GUILLAUME LE CONQUÉRANT, par M. J. Gilbert.

La dépouille du vainqueur d'Hastings n'était pas refroidie que déjà ses deux fils, Robert Courte-Heuse et Guillaume le Roux, avaient quitté le palais pour s'assurer leur part dans les possessions et dans les trésors de leur père. Les courtisans, imitant leurs maîtres, se dispersèrent comme une volée de corbeaux éperdus. Alors les serviteurs, enhardis par cet abandon général, commencèrent à piller le palais, emportant les vêtements et les vases précieux. Ils osèrent même porter sur ce mort illustre une main sacrilége; ils le renversèrent de son lit, pour voler les étoffes brodées d'or sur lesquelles il reposait, et s'enfuirent avec leur butin.

Un chien resta seul auprès du cadavre de celui qui avait été un si redoutable guerrier, de celui qui avait joint le diadème des rois saxons à la couronne ducale de Normandie.

L. — UN COUVENT DE SŒURS DE CHARITÉ, EN ITALIE, par M. Wyburd.

Un couvent isolé, d'un aspect à la fois austère et poétique, en face des flots d'azur de la Méditerranée, tel est l'asile de ces pieuses filles qui ont voué leur existence au dévouement et à la prière. M. Wyburd a rapporté ce souvenir d'un voyage en Italie, et, en le fixant sur la toile, il a su en faire un tableau rempli d'expression et de charme.

LI. — UNE SOIRÉE DANS LA FORÊT NOIRE, par M. C. Böttcher.

Cette gracieuse pastorale, dont l'original appartient au musée de Leipzig, démontre que la région nommée forêt Noire n'est pas toujours aussi sombre que cette désignation semble l'indiquer. Voilà la vie des champs rendue avec une poésie qui ne dénature point toutefois le sentiment du vrai.

LII. — INTÉRIEUR D'UNE ÉGLISE ESPAGNOLE, par M. M***.

Voyez cet intérieur d'une église espagnole. A côté de señoras qui, parées d'élégantes basquines, agitent l'éventail entre leurs doigts délicats, voici toute une famille déshéritée. Elle étale ses misères au soleil; couchée sur la route que suivent les fidèles pour se rendre à l'autel, elle cherche à émouvoir les âmes pieuses par un spectacle saisissant.

LIII. — LE BERGER ET SON TROUPEAU, par M. Willis.

Sur un tertre verdoyant, dans le voisinage de la mer, le troupeau s'est arrêté. Accablées par l'ardente chaleur de midi, les brebis ont cessé de paître, et, sauf une ou deux mères encore debout pour allaiter leurs petits, elles se sont couchées sur l'herbe verte. Le jeune pasteur lui-même, cédant à une douce somnolence, s'est laissé choir sur le sol auprès de son chien, fidèle gardien du troupeau, et son regard erre sur l'immensité bleue et sereine du ciel et de la mer.

LIV. — LE PASSAGE DU RUISSEAU, par M. E. Yeames.

L'œil s'arrête agréablement surpris sur ce singulier groupe de la jolie châtelaine tenant entre ses bras son bichon favori et du page qui soutient sa traîne derrière elle, — tous deux passant un ruisseau sur une rangée de dés de pierre, en portant successivement le pied de l'un à l'autre. Ce système de pont, essentiellement primitif, nous reporterait déjà à une époque suffisamment éloignée, si le costume des personnages ne la précisait tout à fait.

Le peintre a choisi, pour l'époque de sa petite scène, la fin du xiv° ou le commencement du xv° siècle. Alors florissait le *hennin*, longue coiffure en forme de cornet, qui a donné son type au bonnet moderne de nos Cauchoises.

LV. — L'ABRI, par M. G. Bonavia.

Un bel enfant courait la campagne en plein hiver, jouant et gambadant à travers la neige, en compagnie d'un gros chien, son fidèle compagnon. Mais voilà qu'ils sont fatigués et que le froid les gagne. Les deux amis se mettent à l'abri sous le hangar d'une ferme, et, appuyés l'un sur l'autre, ils s'endorment sous l'influence de la tiède température d'une étable voisine.

LVI. — L'IMPORTANTE QUESTION, par M. C. Lasch.

On est dans une habitation primitive du Rhin supérieur ou de la lisière de la forêt Noire. La blonde compatriote de Gretchen baisse les yeux sur son tricot; un doux sourire erre sur ses lèvres, car des paroles d'amour ont, pour la première fois, frappé son oreille.

Le digne garçon, coiffé du tricorne, selon la mode de ses ancêtres, vient d'adresser à la préférée de son cœur une question qui doit décider du sort de toute sa vie.

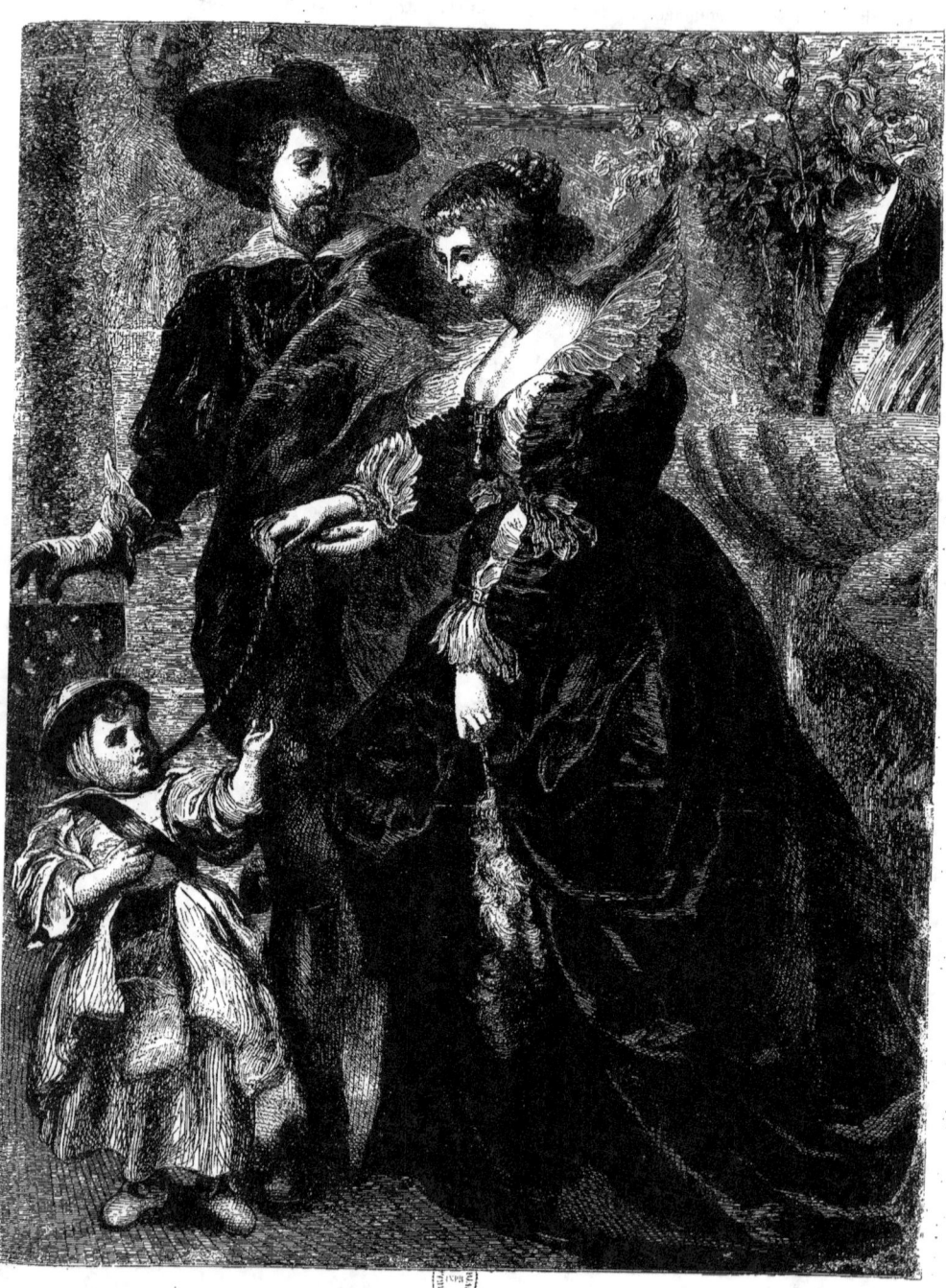

I. — RUBENS ET SA FAMILLE, par Rubens.

CHEFS-D'ŒUVRE DE LA GRAVURE MODERNE. 19

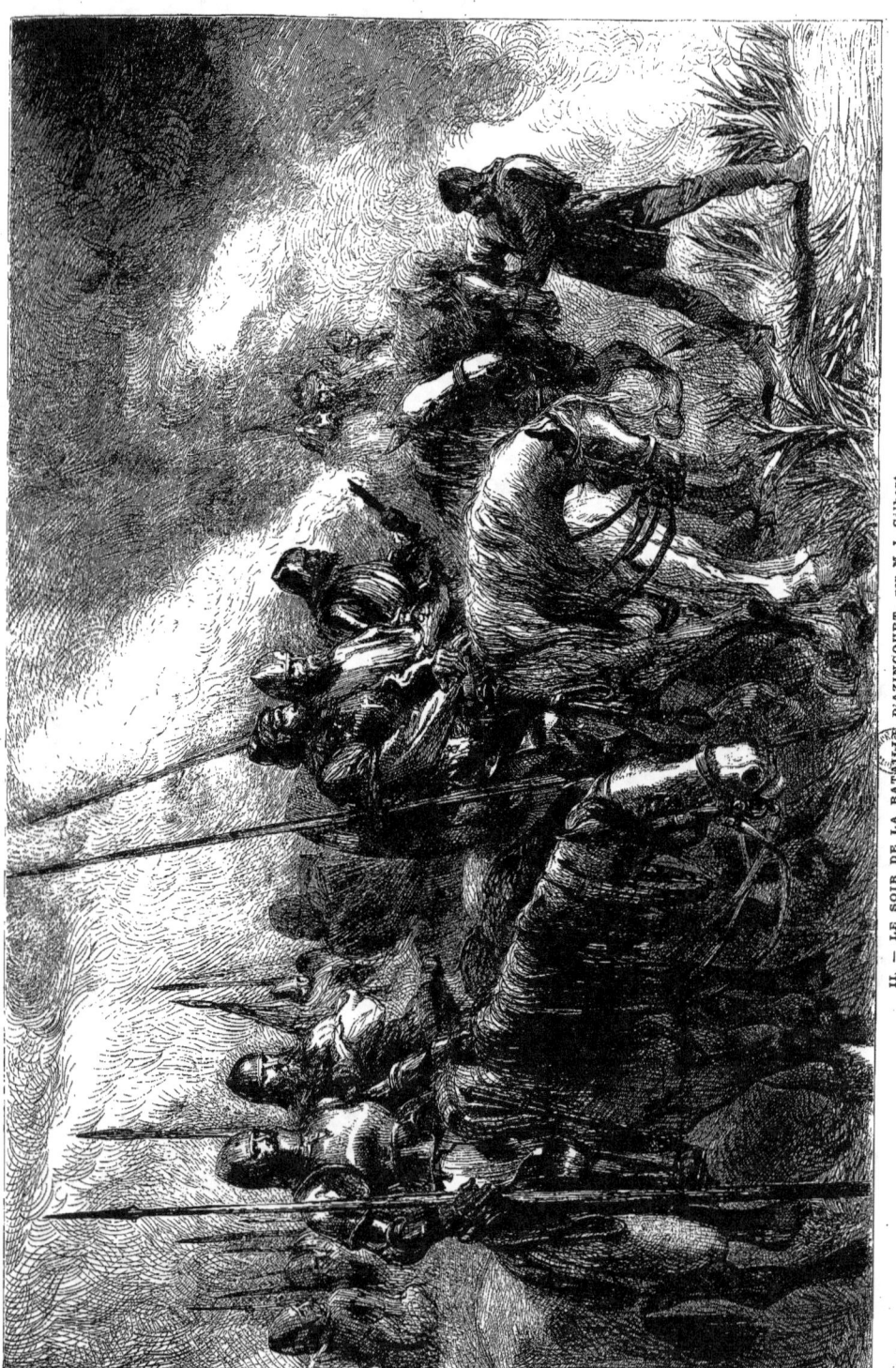

II. — LE SOIR DE LA BATAILLE D'AZINCOURT, par M. J. Gilbert.

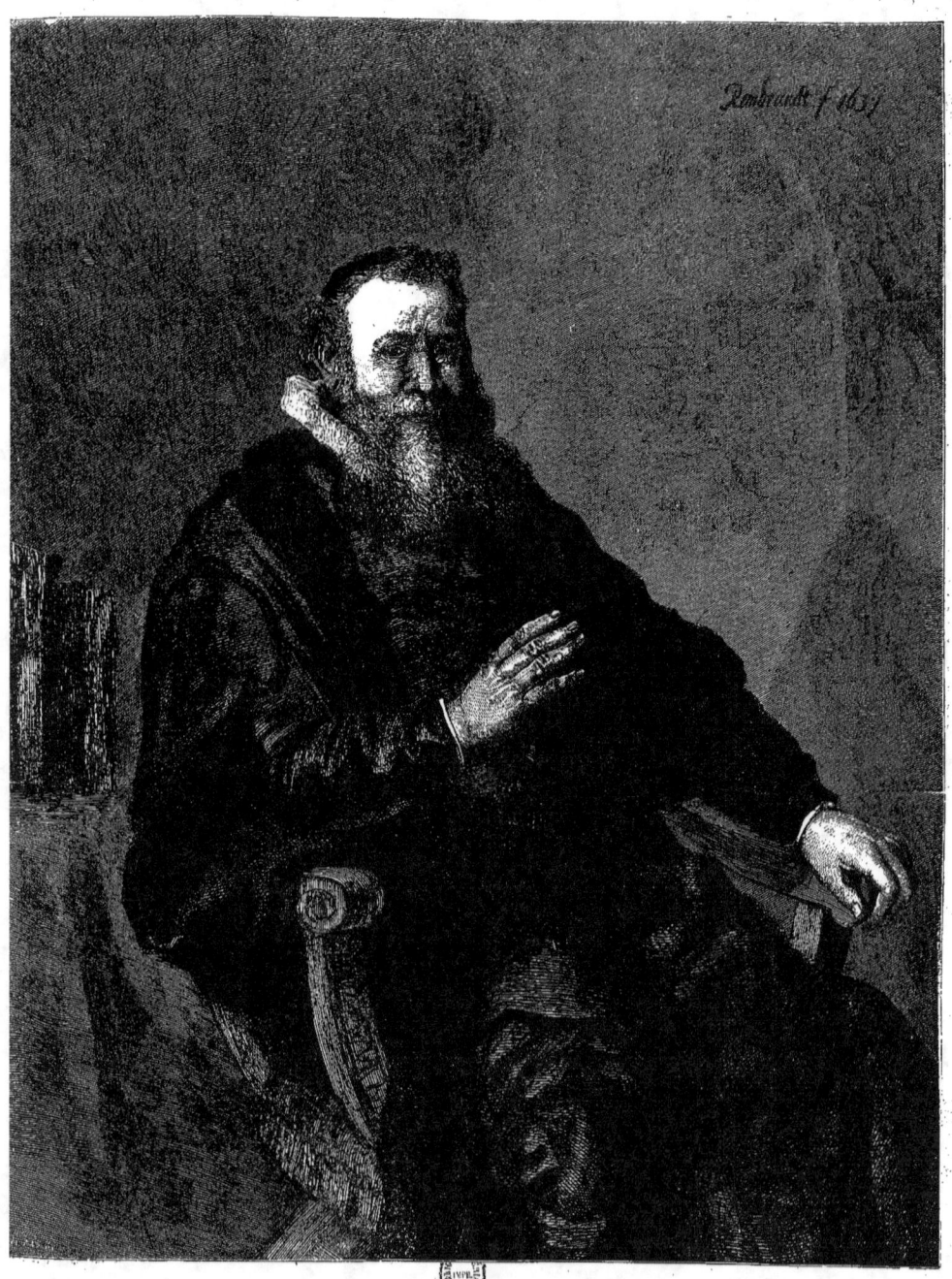

III. — PORTRAIT D'UN BOURGMESTRE, par Rembrandt.

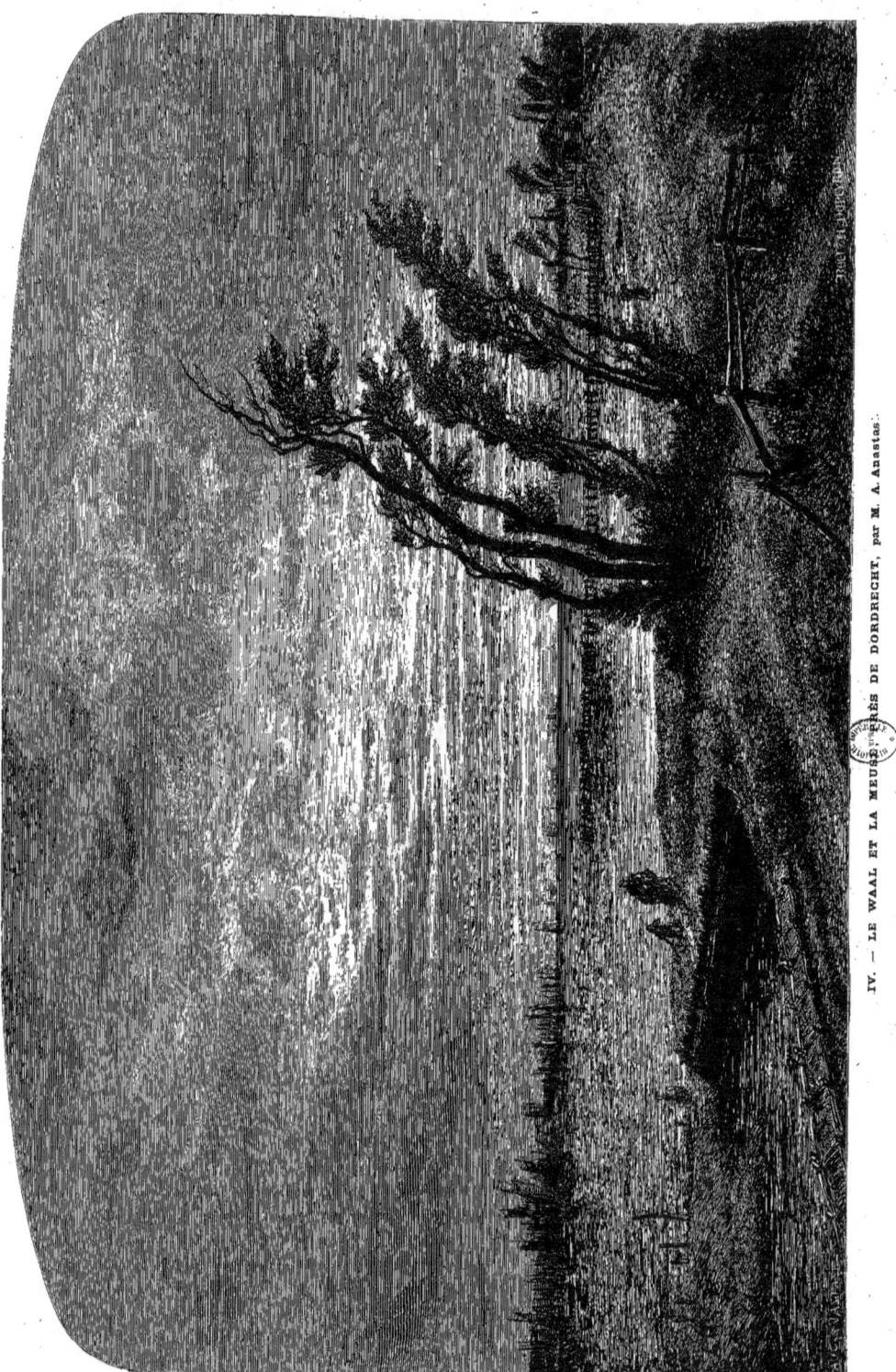

IV. — LE WAAL ET LA MEUSE PRÈS DE DORDRECHT, par M. A. Anastasi.

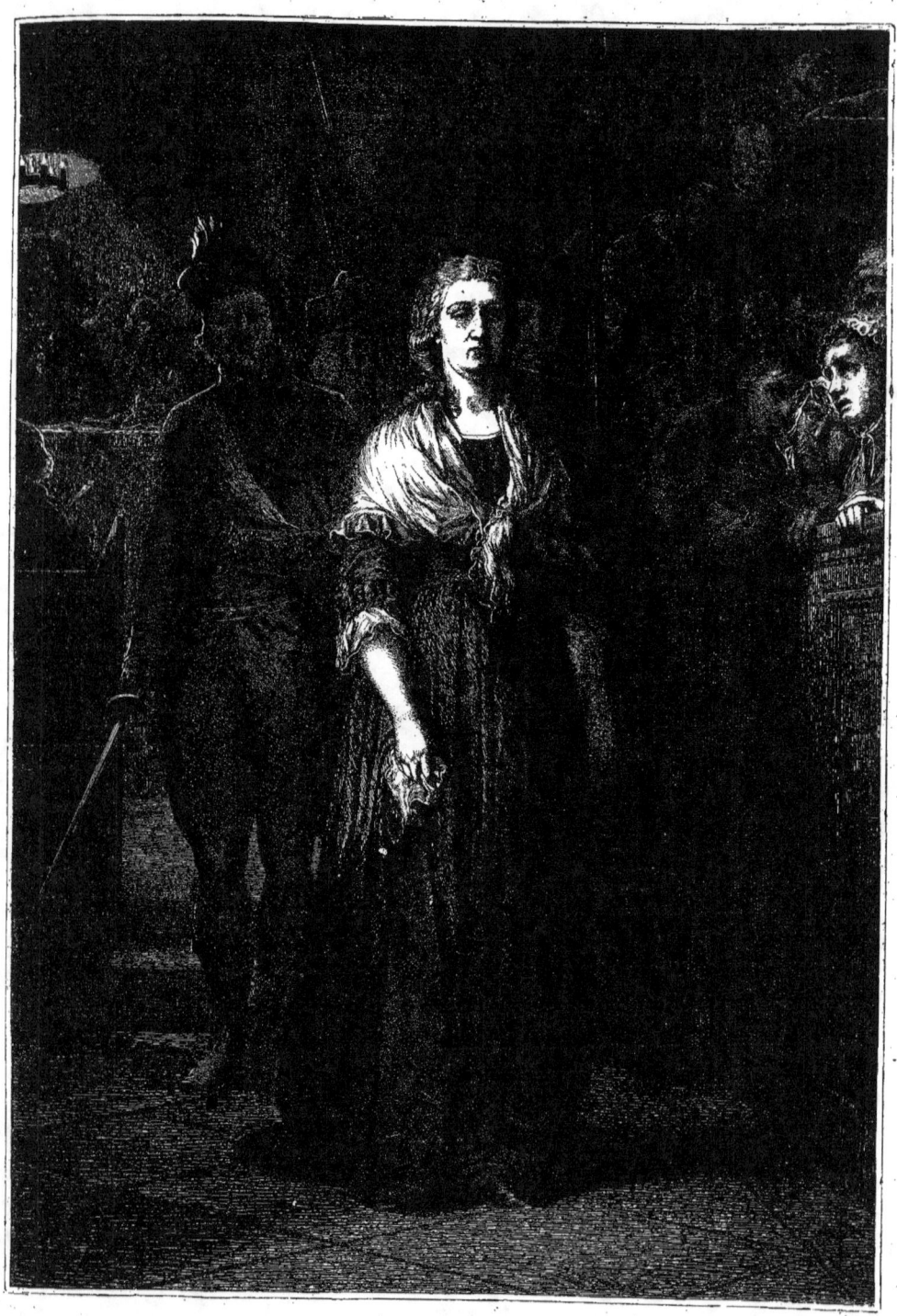

V. — MARIE-ANTOINETTE SORTANT DU TRIBUNAL RÉVOLUTIONNAIRE, par Paul Delaroche.

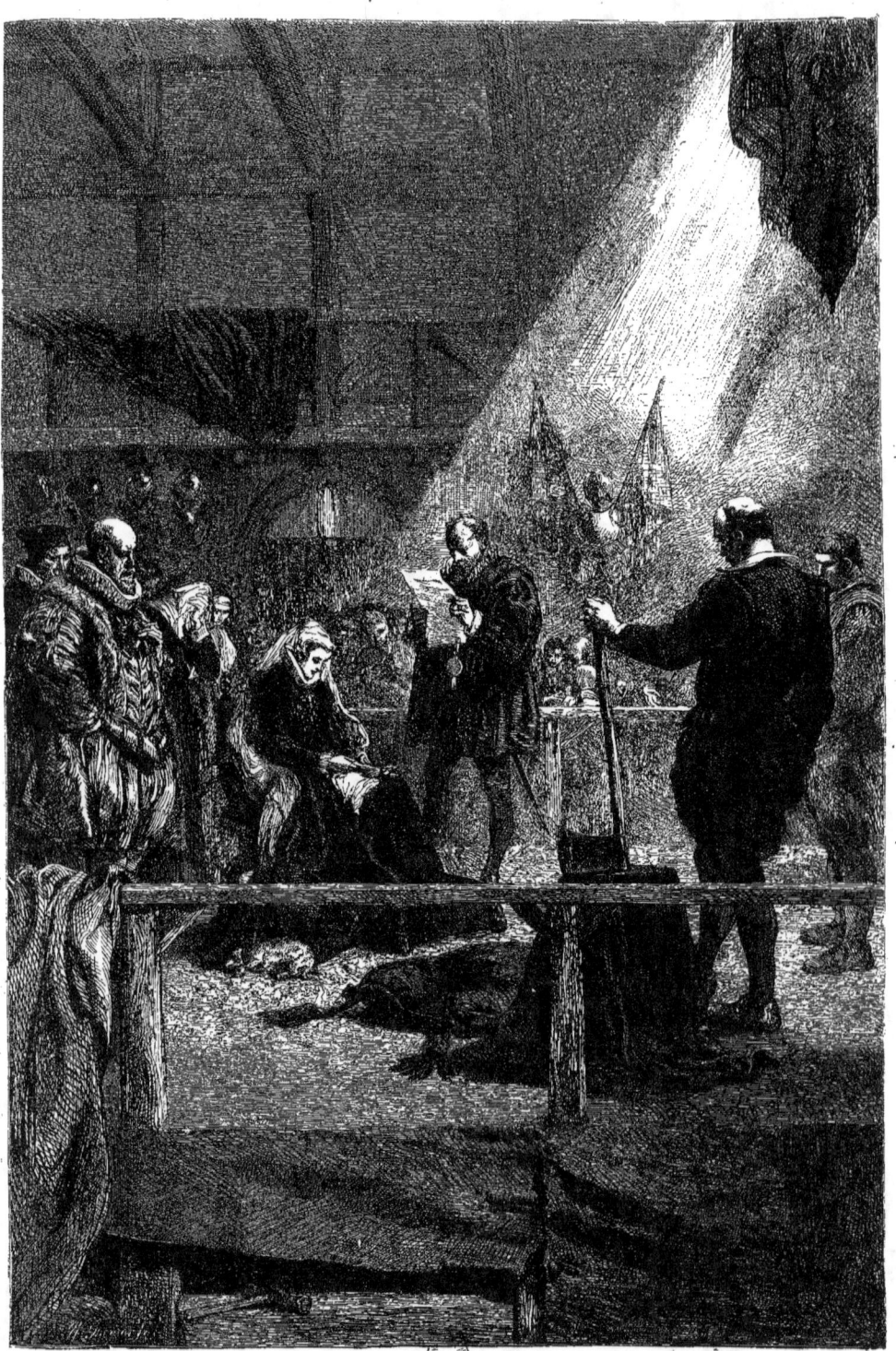

VI. — L'EXÉCUTION DE MARIE STUART, par M. J. Gilbert.

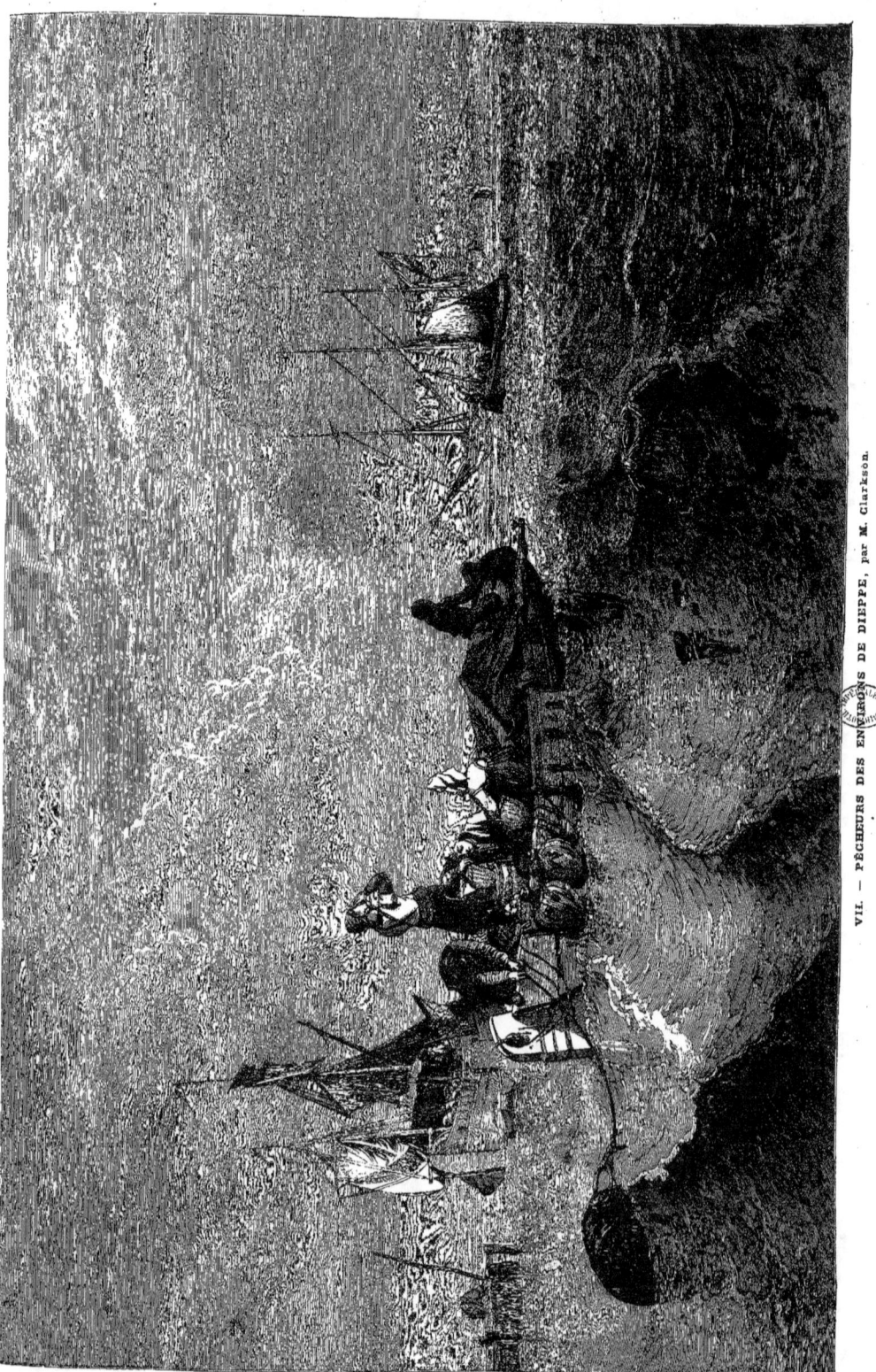

VII. — PÊCHEURS DES ENVIRONS DE DIEPPE, par M. Clarkson.

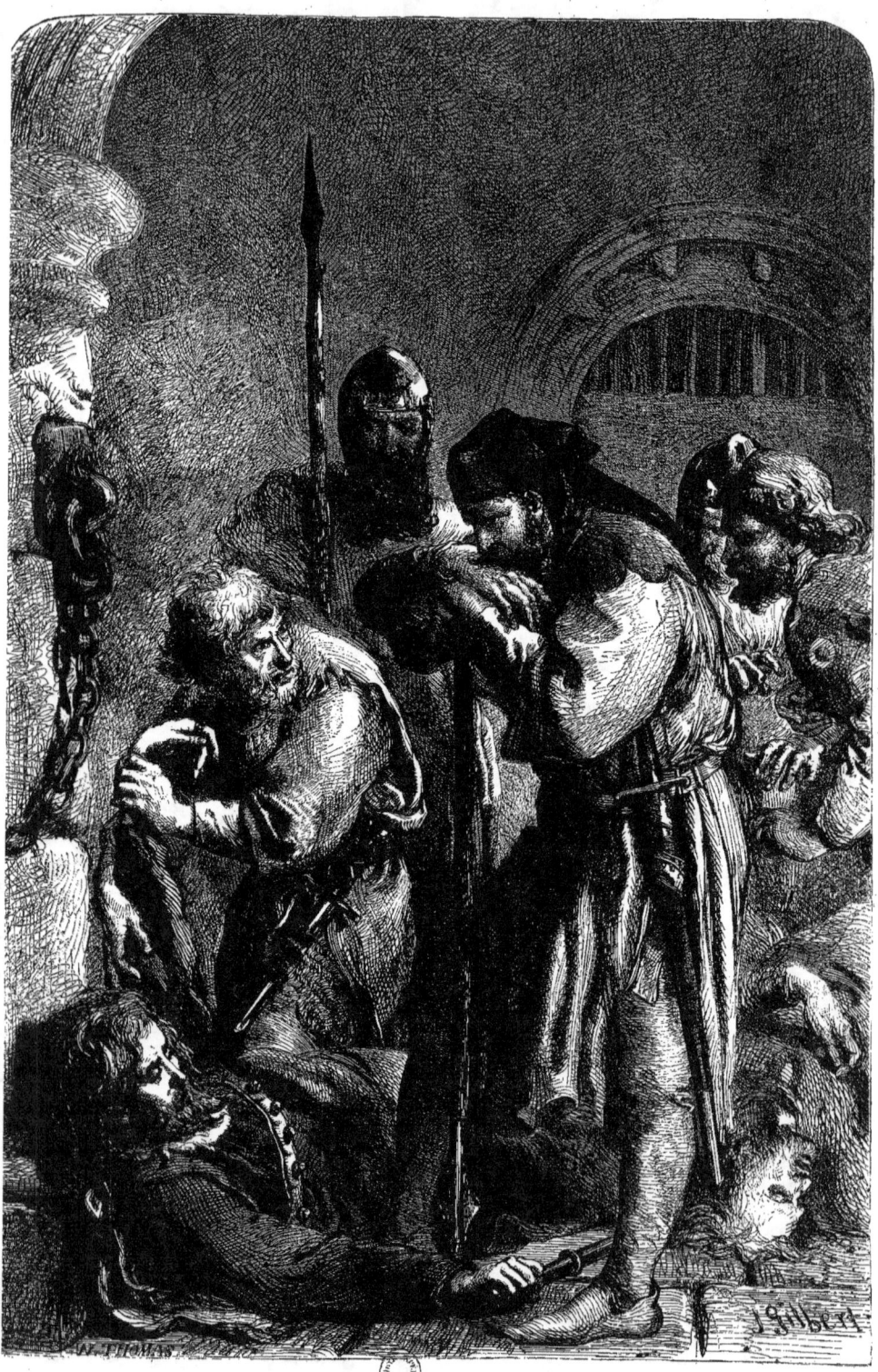

VIII. — LA MORT DE RICHARD II, par M. J. Gilbert.

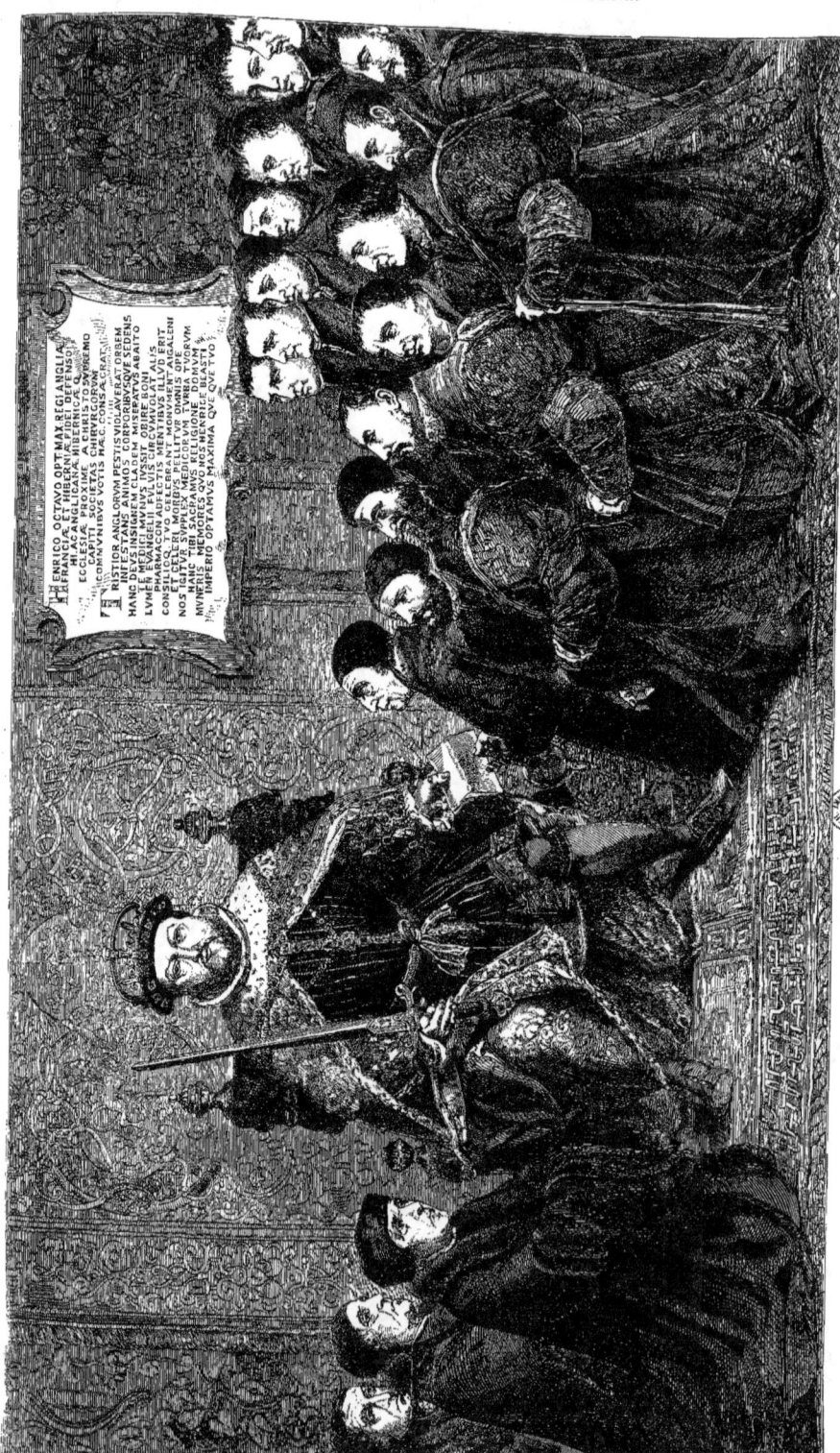

IX. — HENRI VIII ACCORDANT DES PRIVILÈGES A LA CONFRÉRIE DES CHIRURGIENS DE LONDRES, par Holbein.

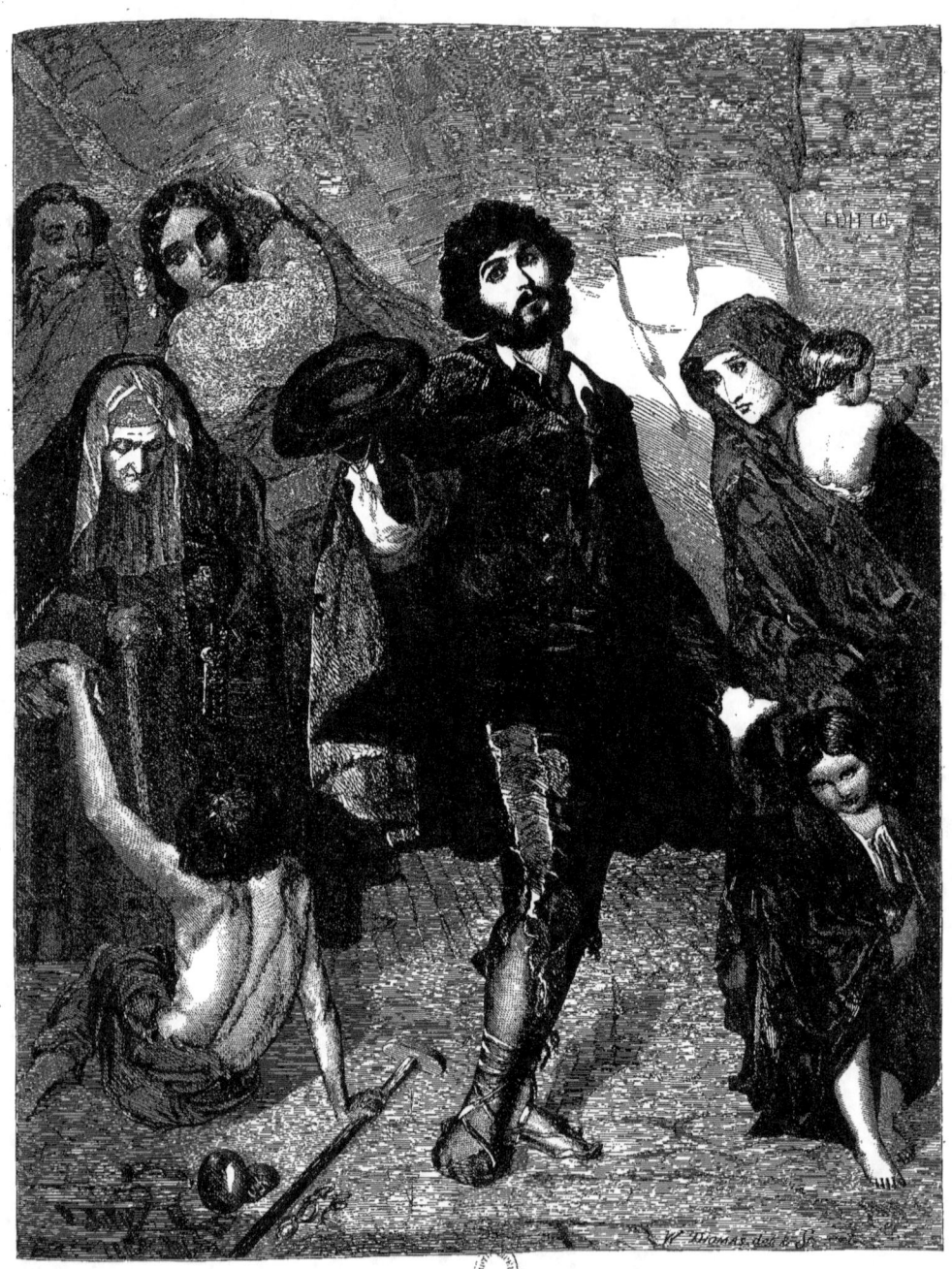

X. — MENDIANTS A ROME, par M. W. Thomas.

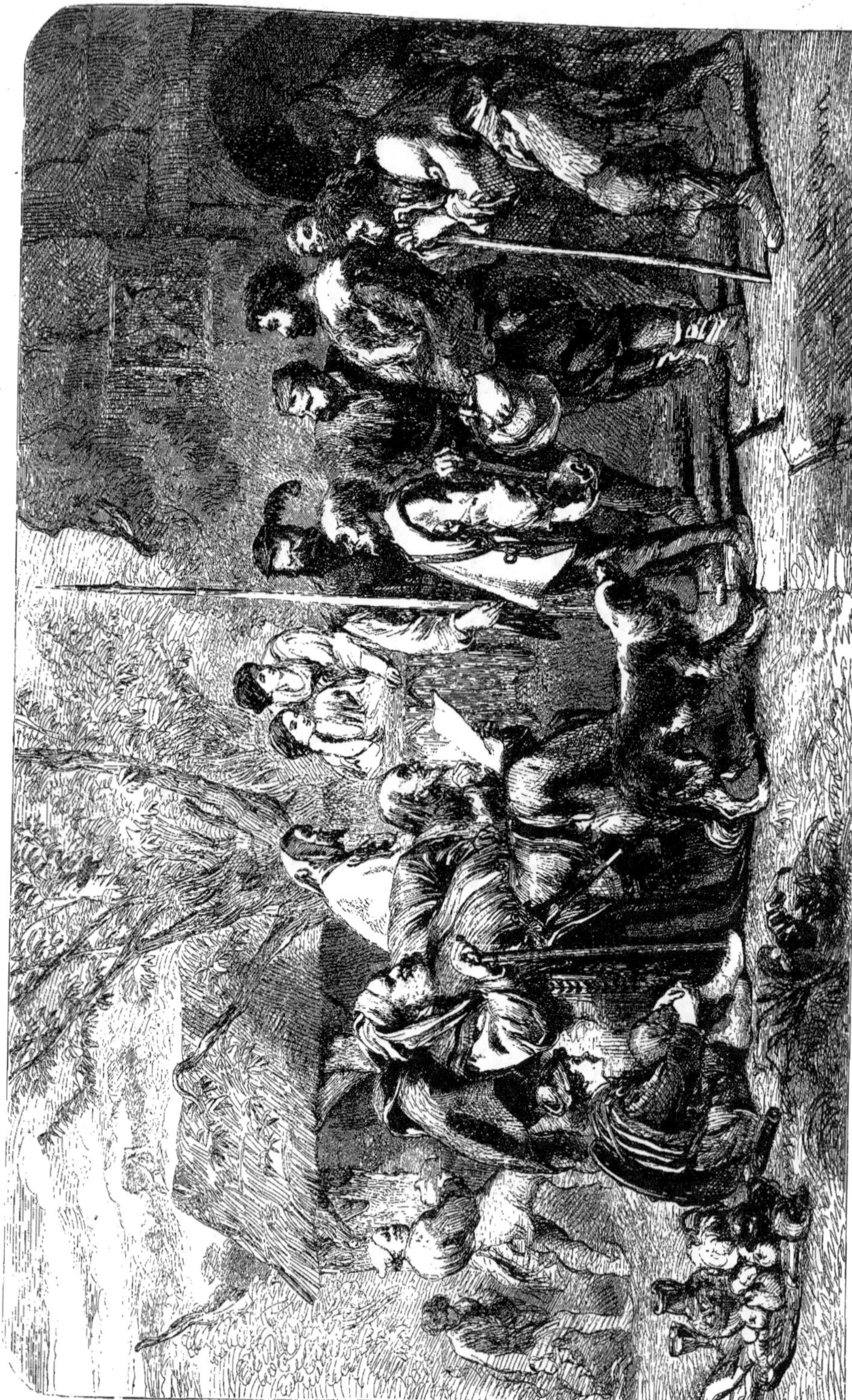

CHEFS-D'ŒUVRE DE LA GRAVURE MODERNE

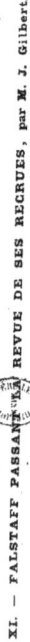

XI. — FALSTAFF PASSANT REVUE DE SES RECRUES, par M. J. Gilbert.

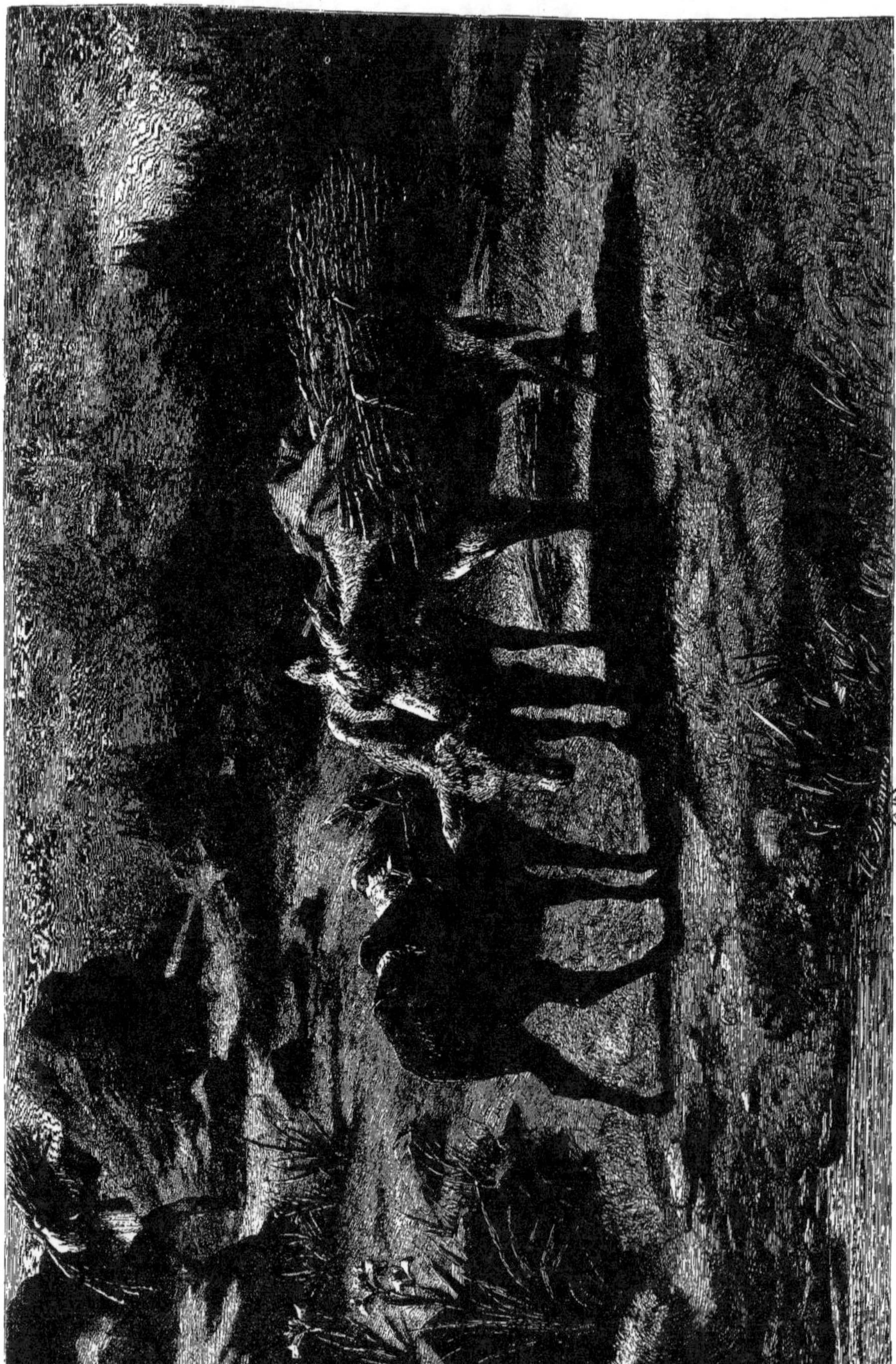

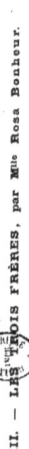

XII. — LES DEUX FRÈRES, par Mlle Rosa Bonheur.

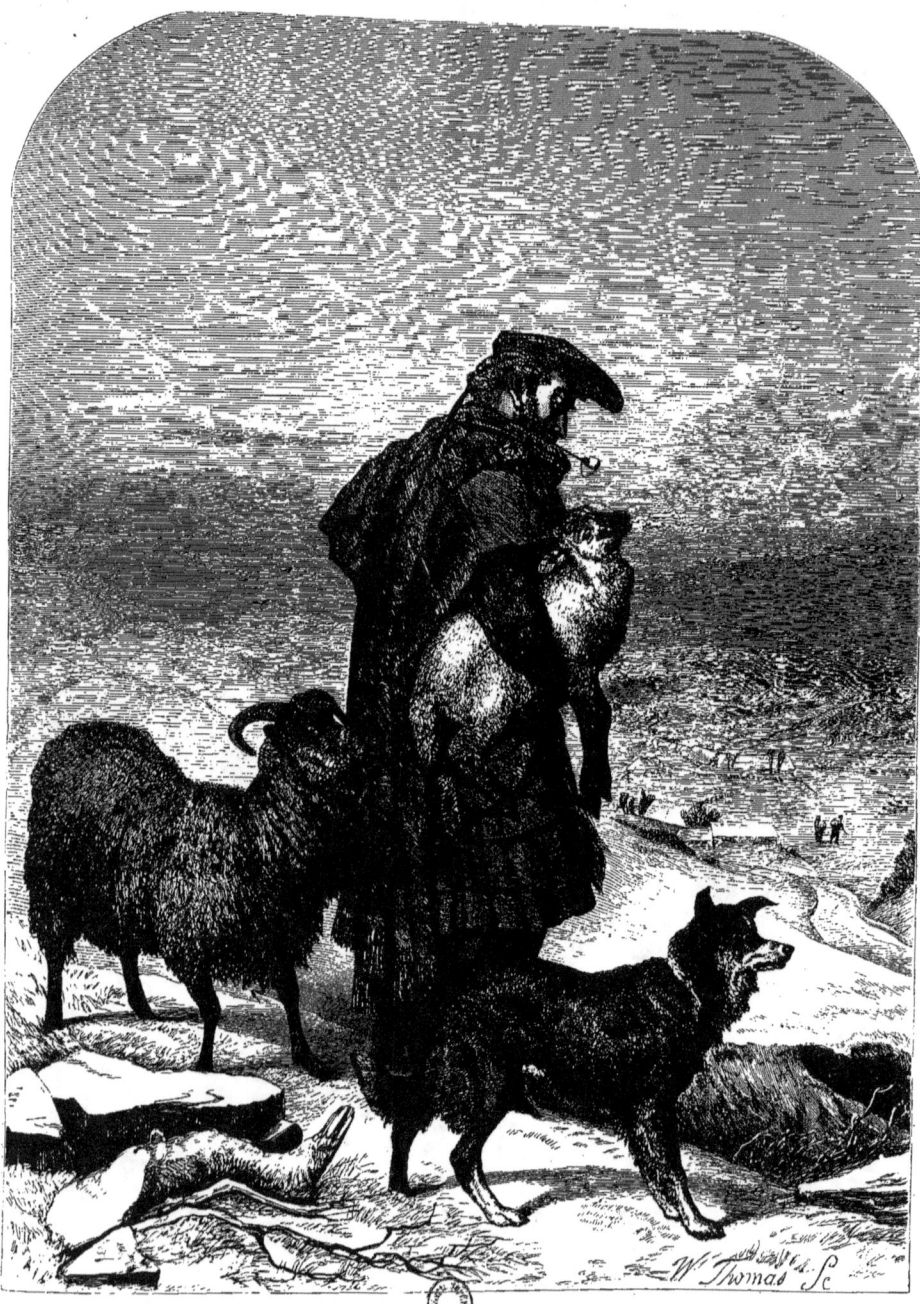

XIII. — LE BERGER DES HIGHLANDS, par M. Ansdell.

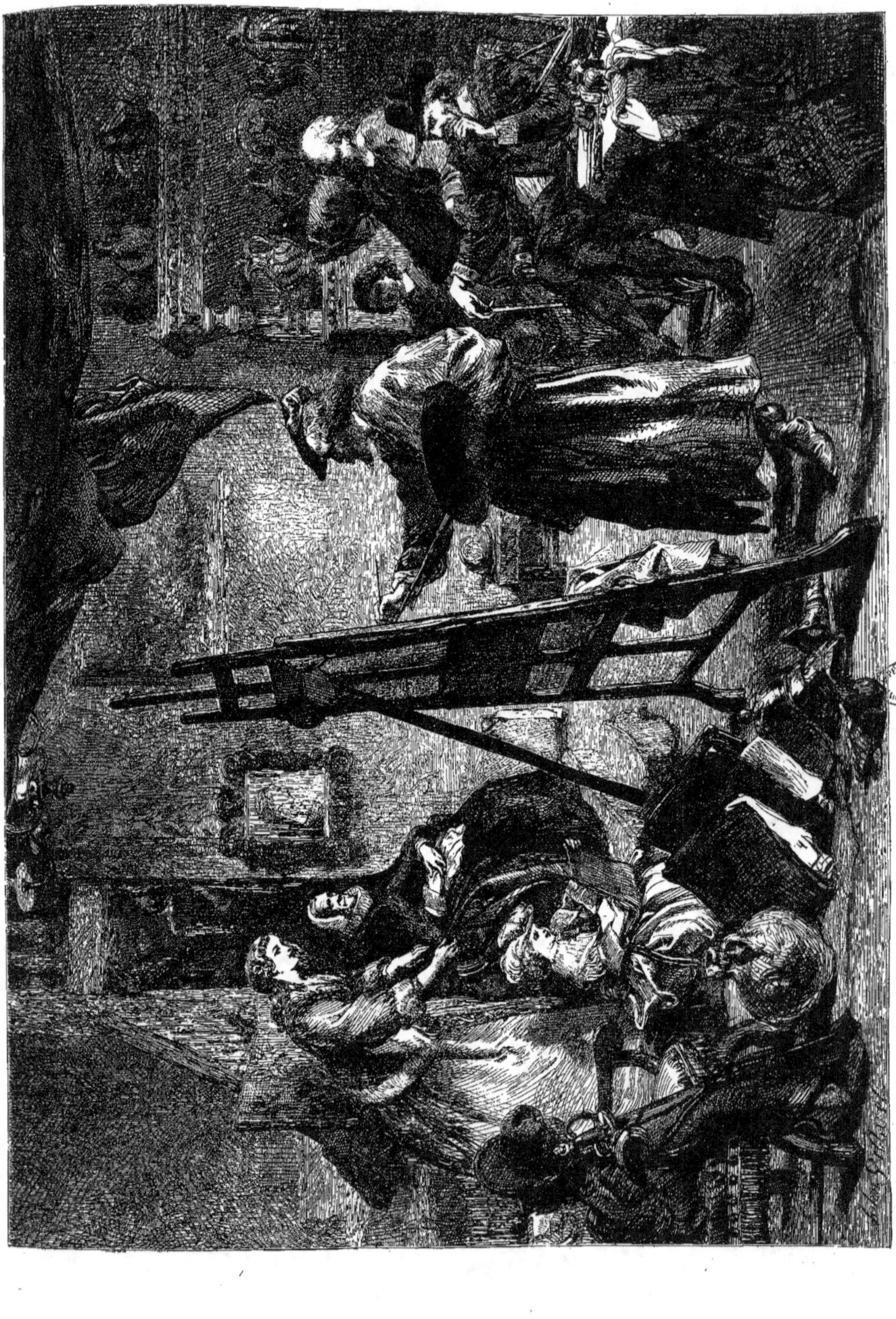

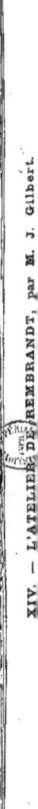

XIV. — L'ATELIER DE REMBRANDT, par M. J. Gilbert.

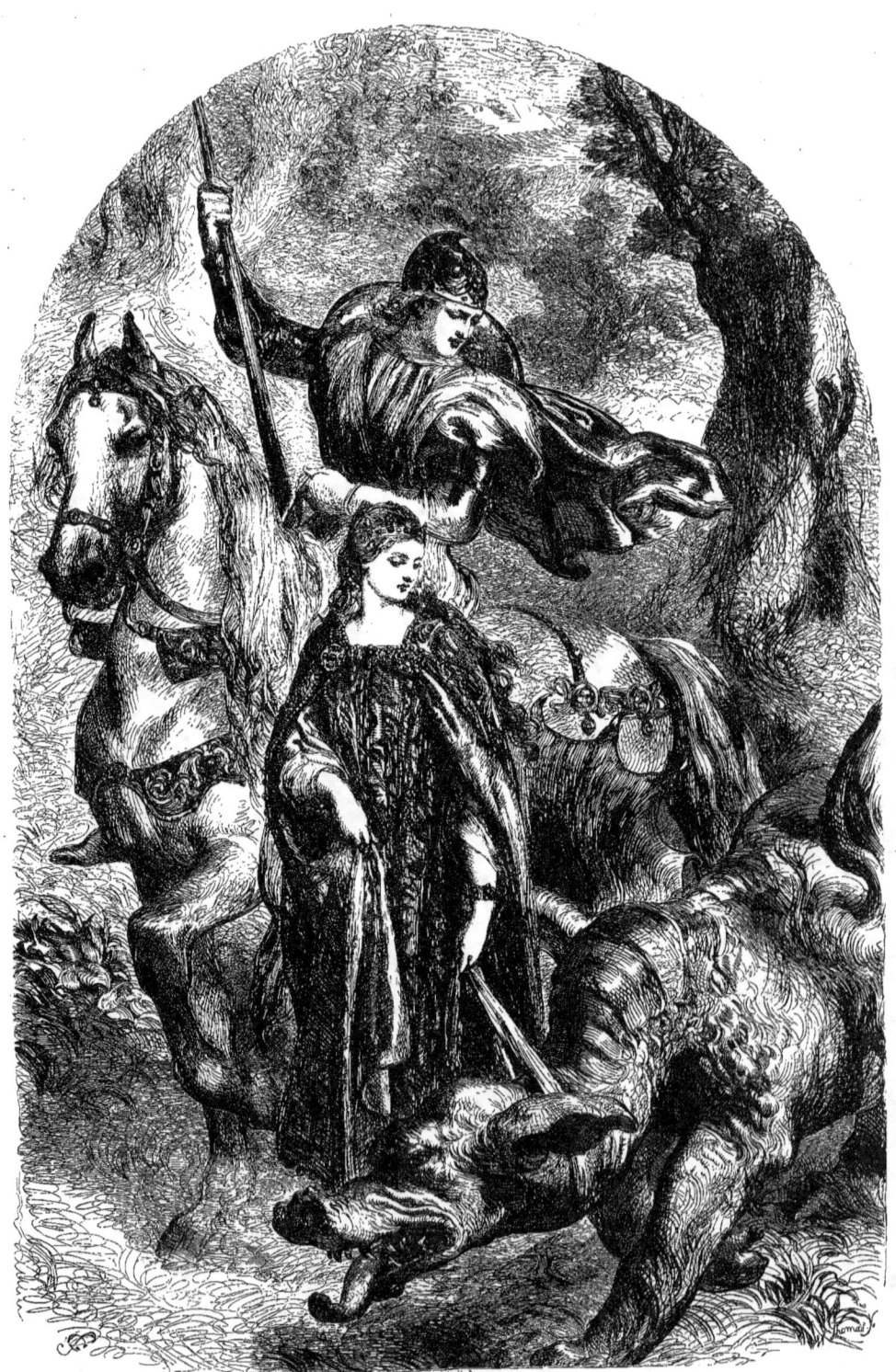

XV. — SAINT GEORGES, par M. J. Gilbert.

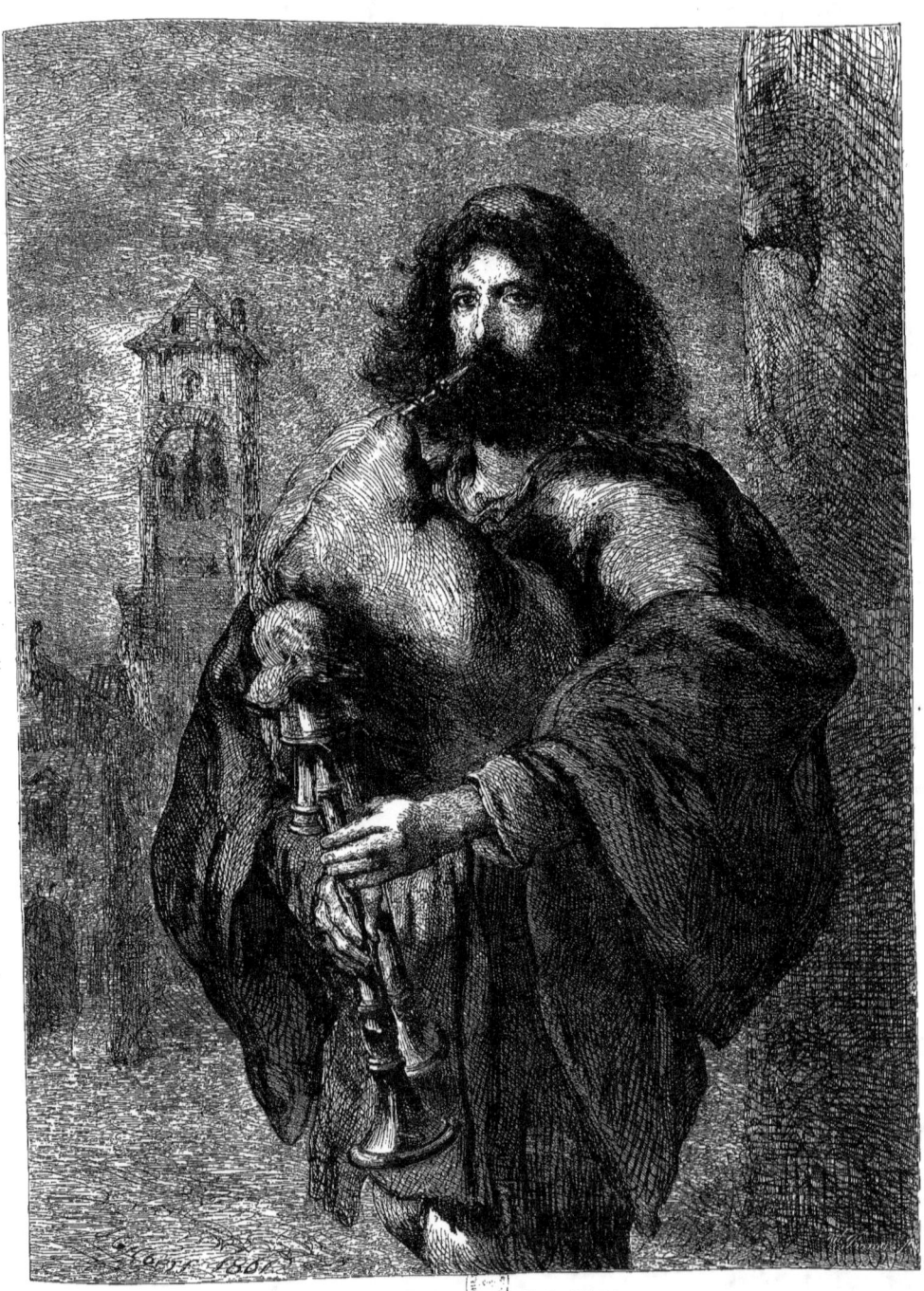

XVI. — LE PIFFERARO, par M. J. Gilbert.

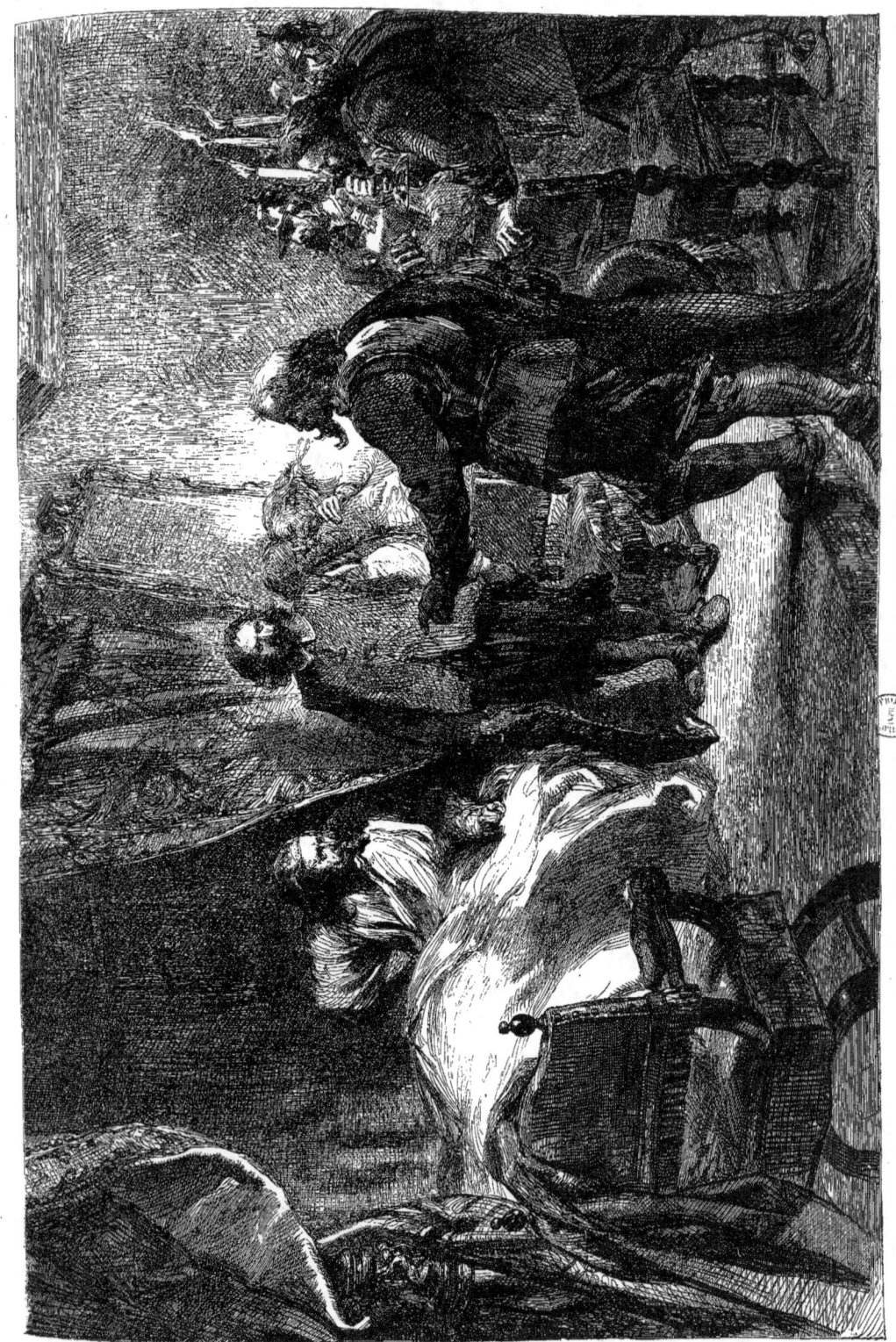

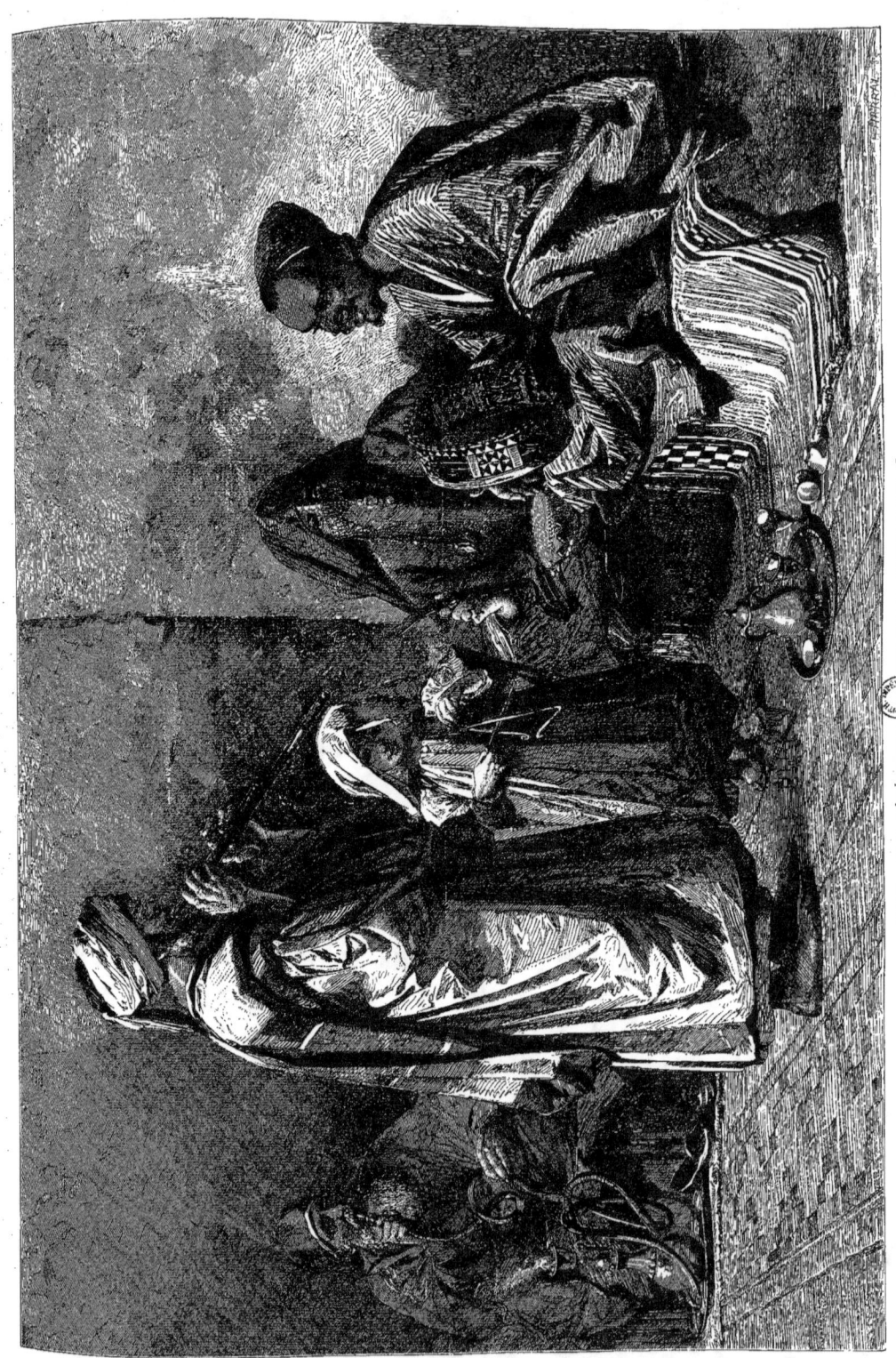

XVIII. — UNE RÉPÉTITION DE MUSIQUE AU CAIRE, par M. M.

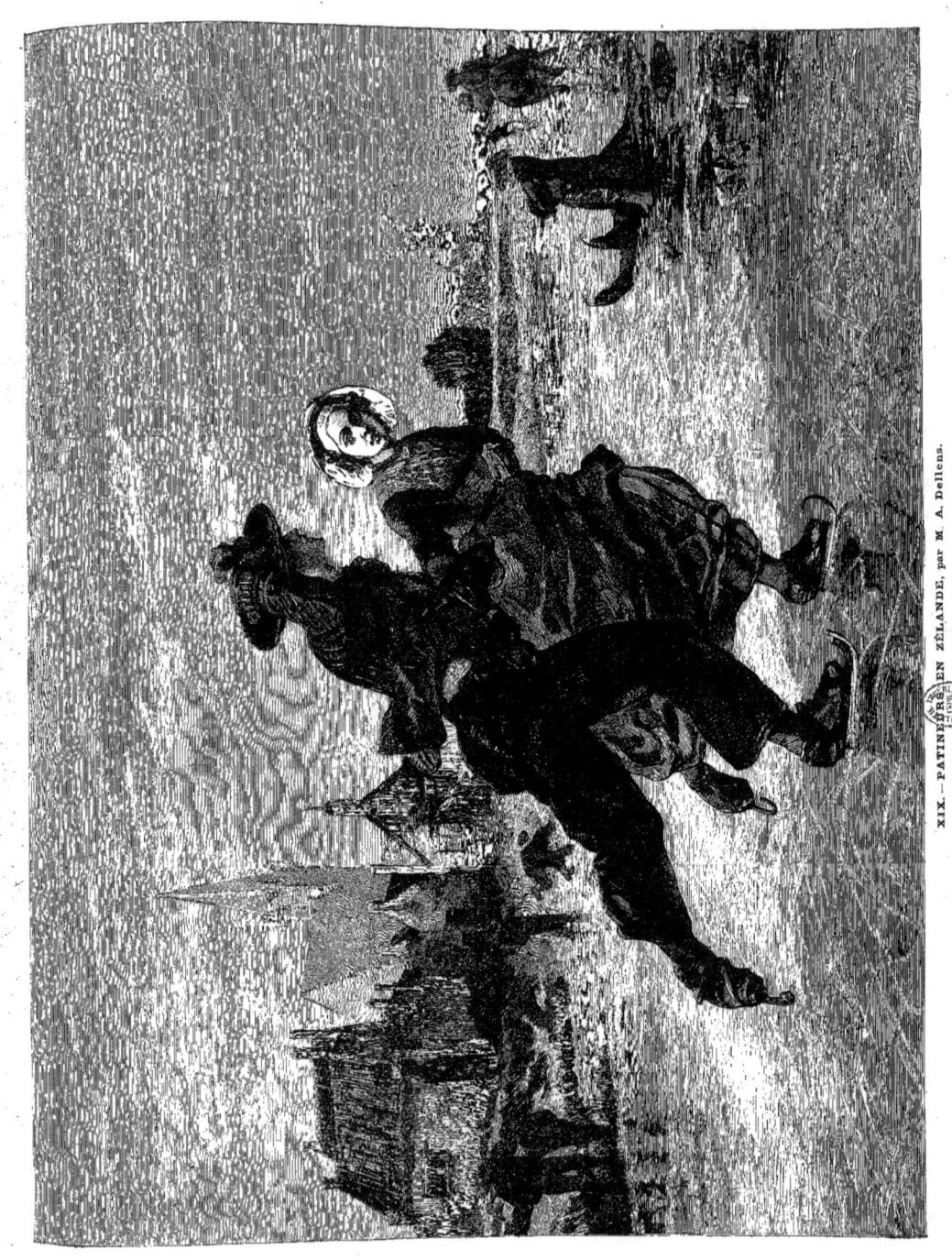

XIX. — PATINEURS EN ZÉLANDE, par M. A. Dellens.

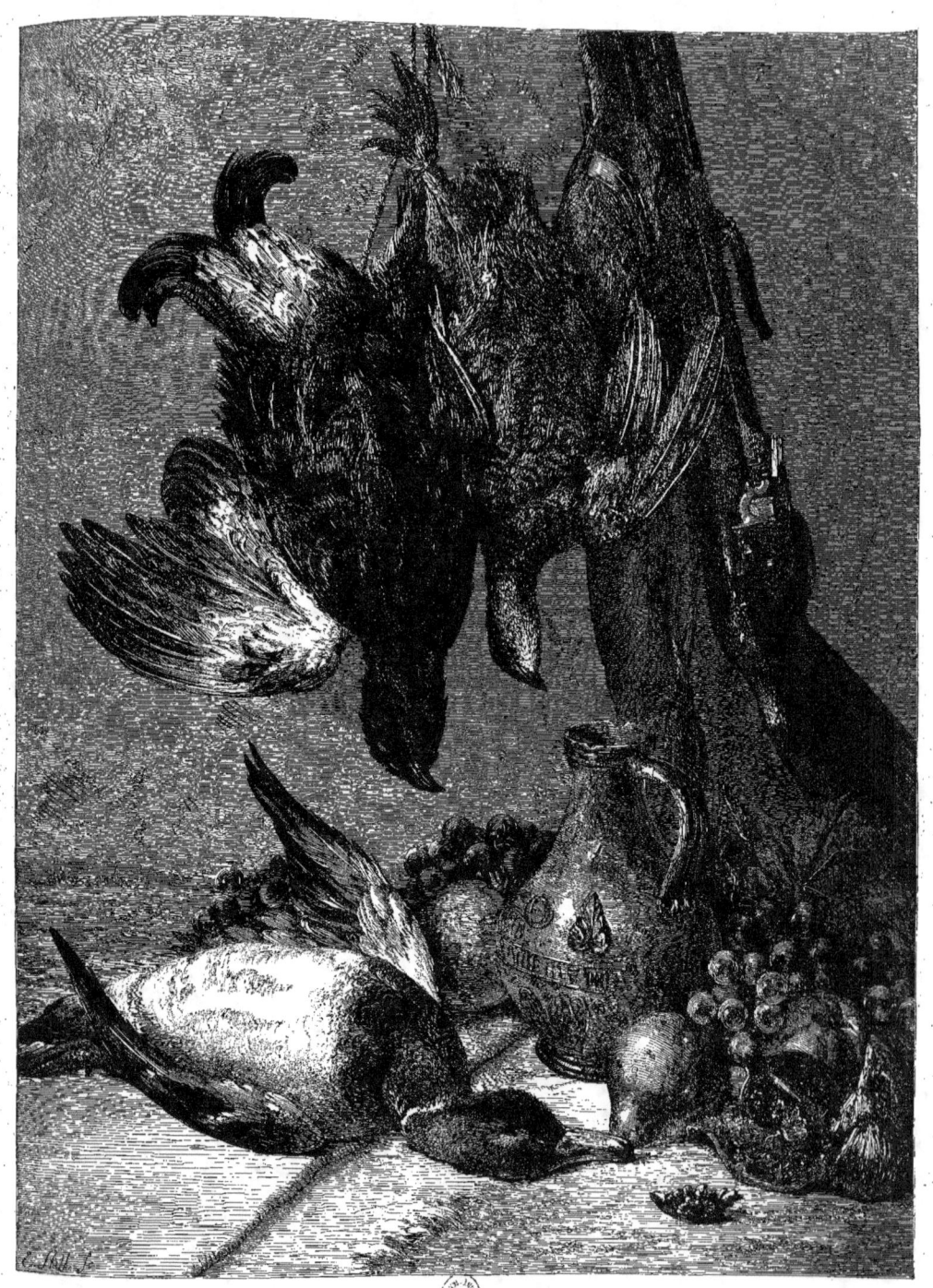

XX. — GIBIER ET FRUITS, par M. G. Lance.

CHEFS-D'ŒUVRE DE LA GRAVURE MODERNE.

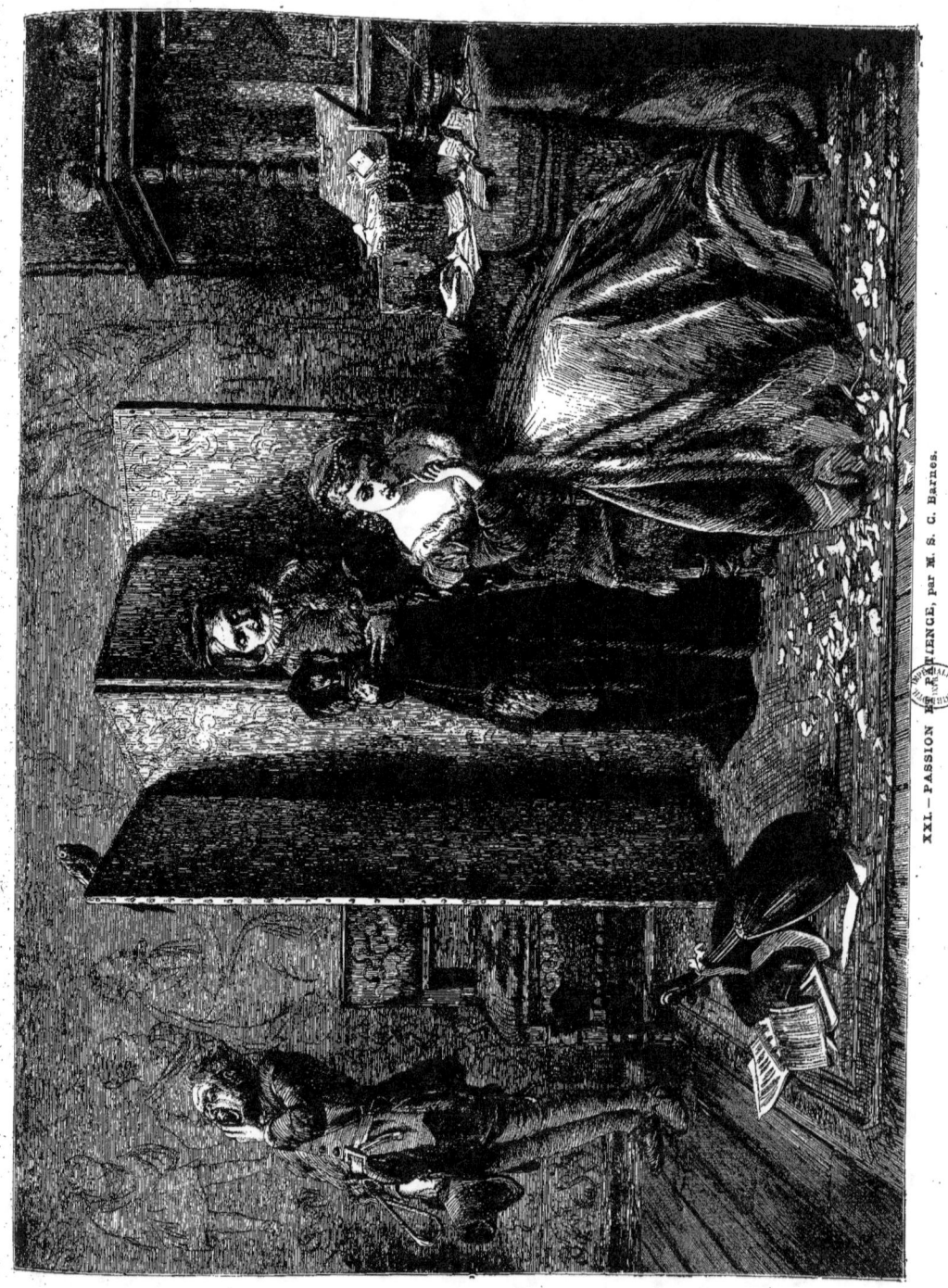

XXI. — PASSION ET PATIENCE, par M. S. C. Barnes.

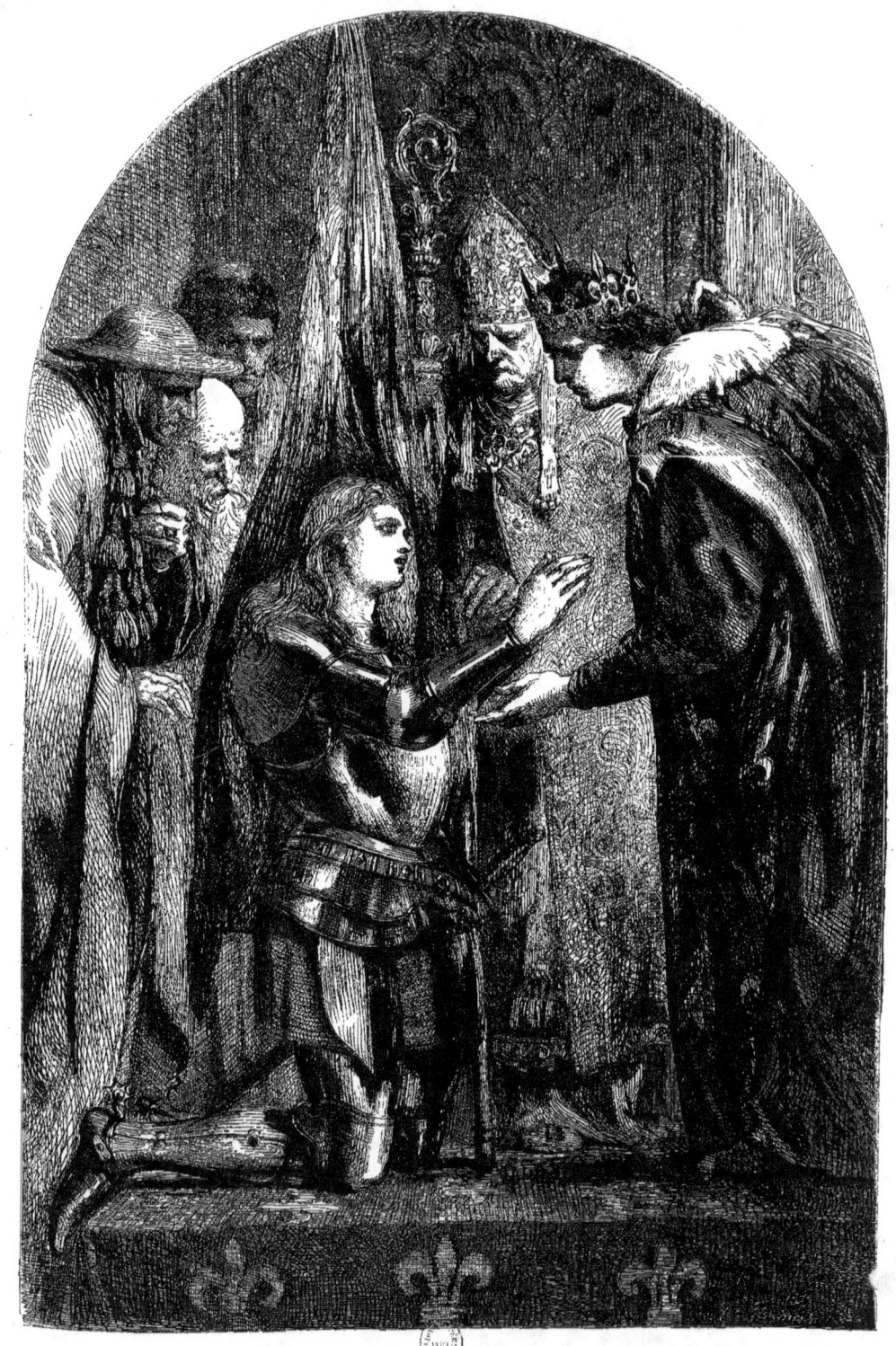

XXII. — JEANNE D'ARC AU COURONNEMENT DE CHARLES VII, A REIMS, par M. J. Gilbert.

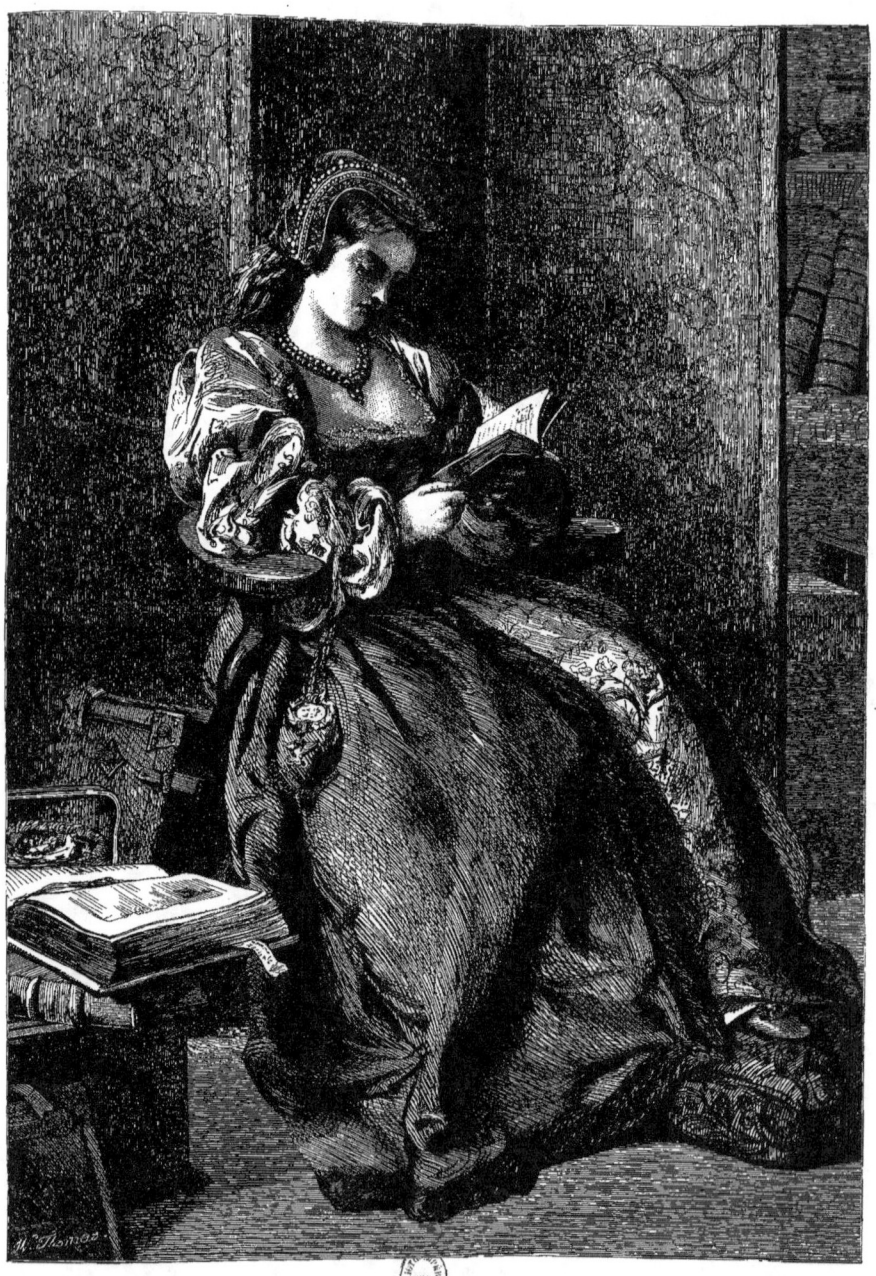

XXIII. — JANE GREY, par M. F. Wyburd.

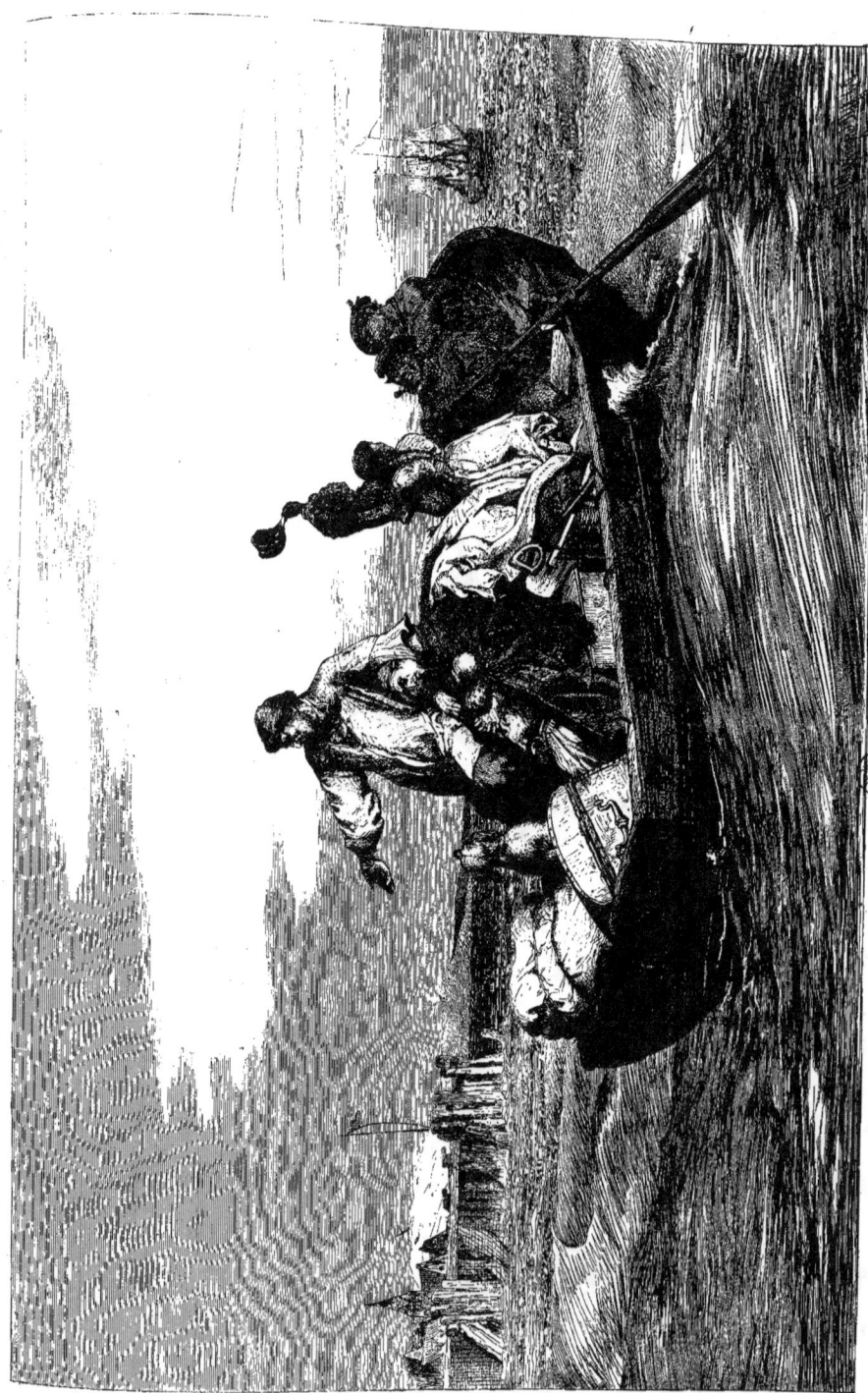

XXIV. — LES ÉMIGRANTS, par M. C. Schlesinger.

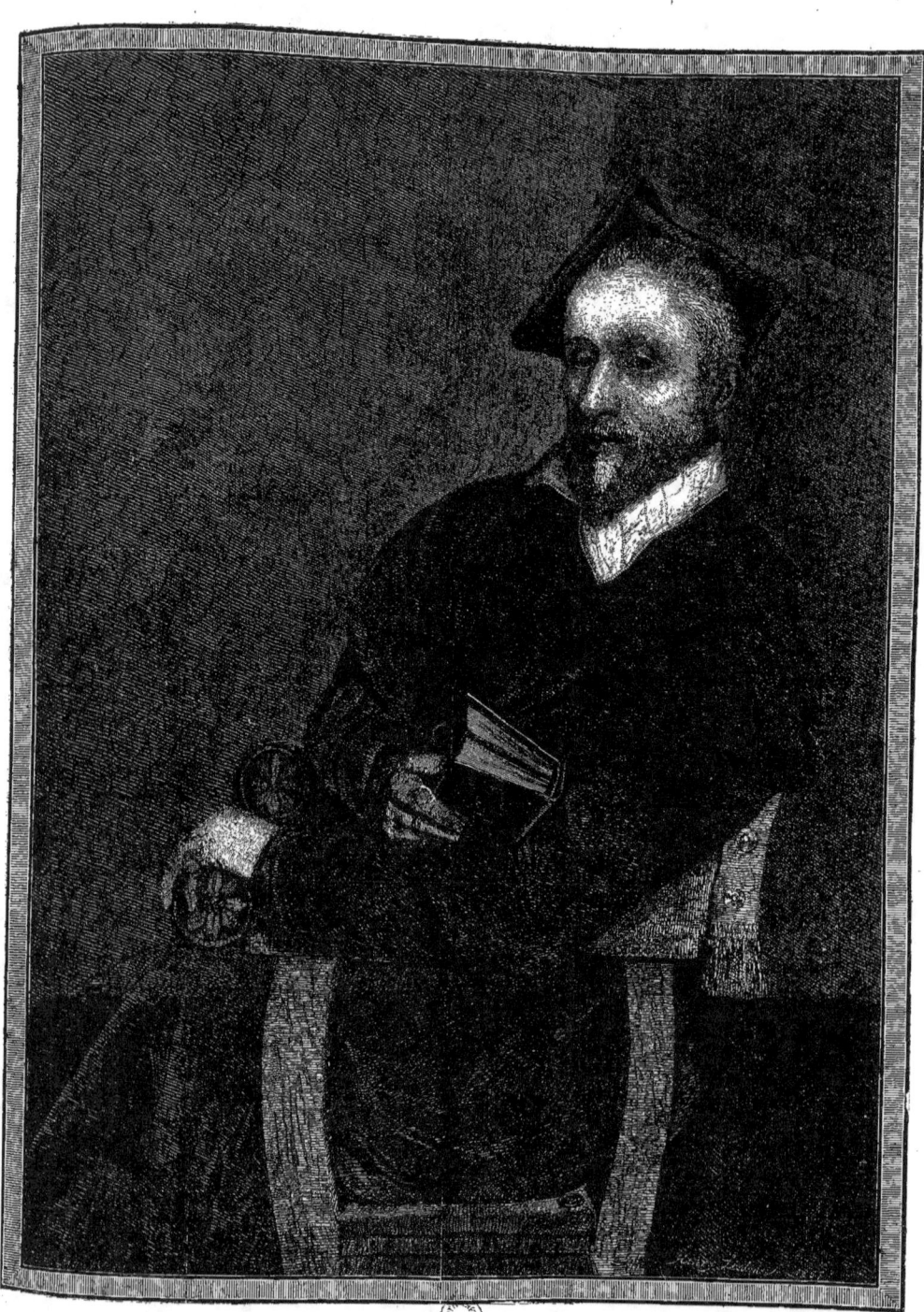

XXV. — PORTRAIT DU PRÉCEPTEUR DU TITIEN, par Moroni.

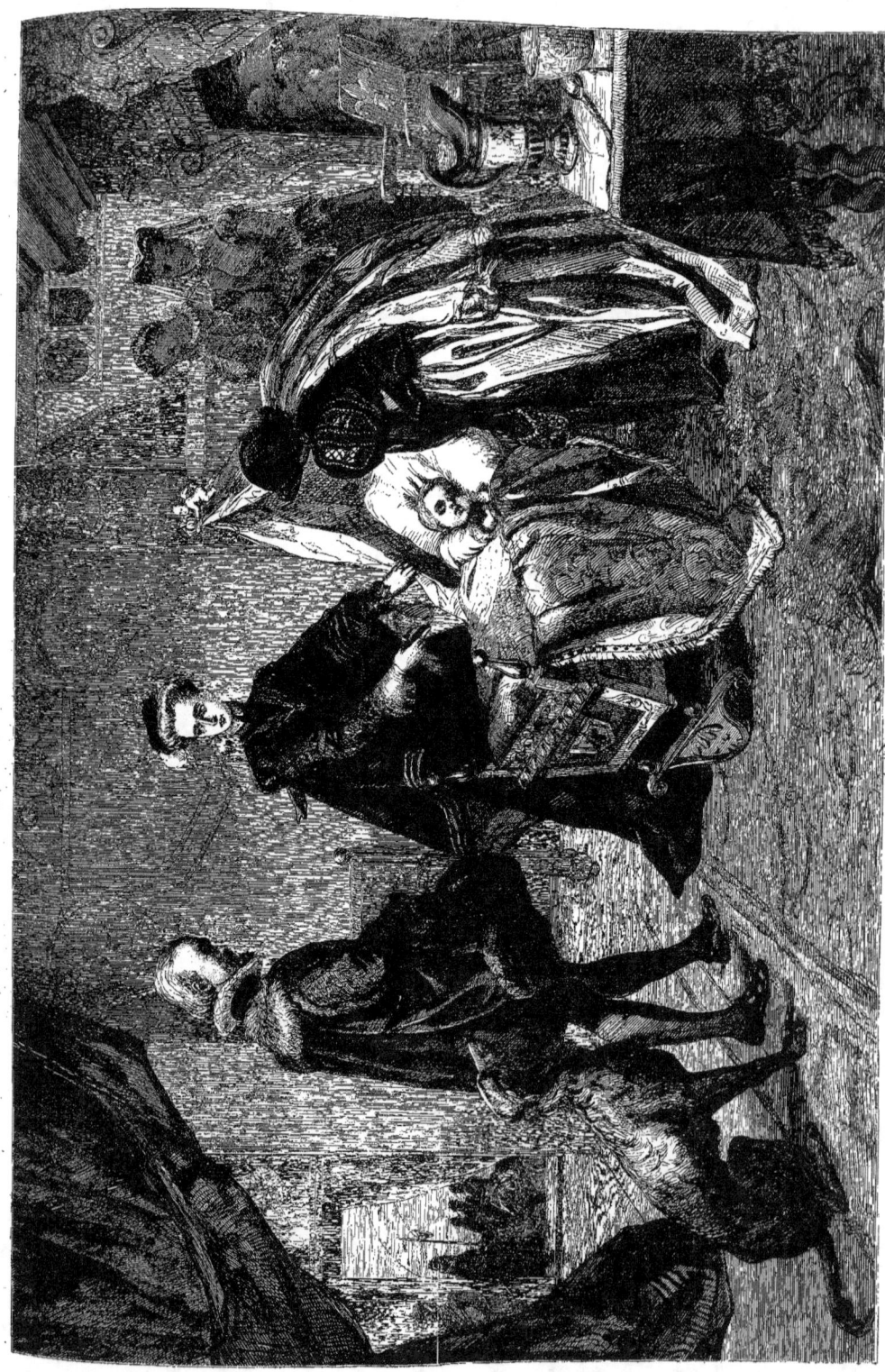

XXVI. — MARIE STUART DEVANT LE BERCEAU DE SON FILS, par Mme Ward.

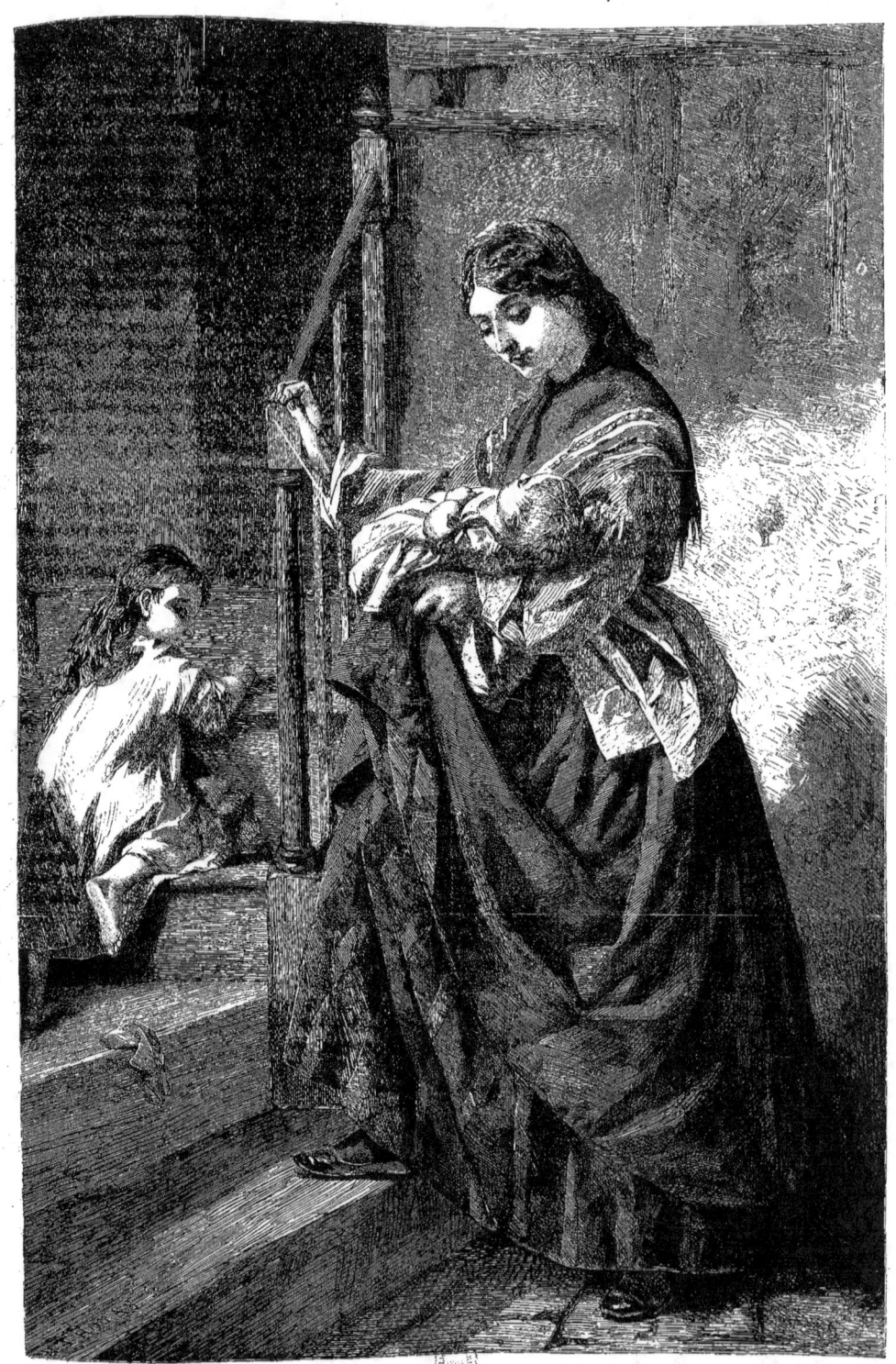

XXVII. — LA JEUNE MÈRE, par M. E. Barnes.

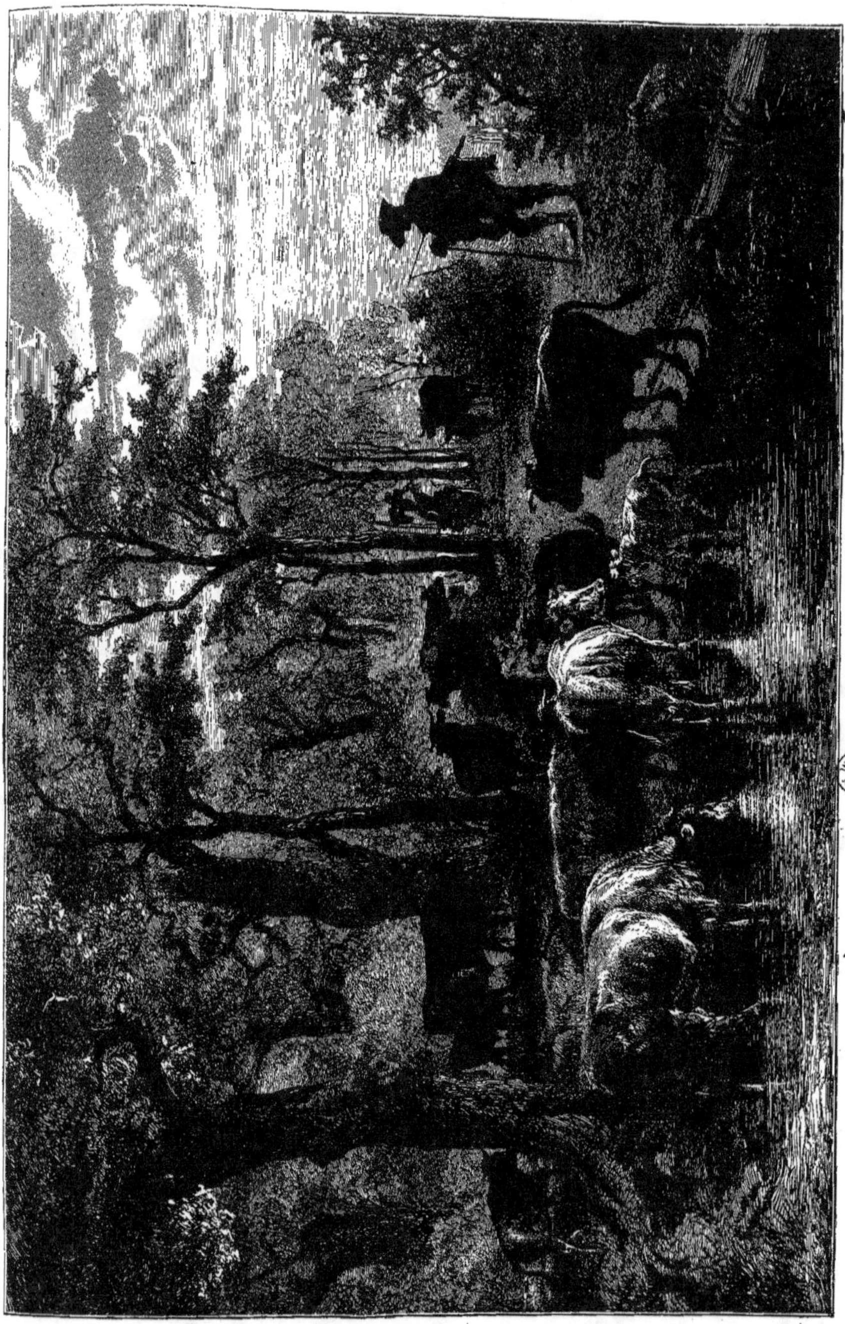

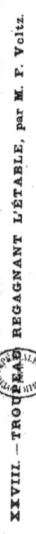

XLVIII. — TROUPEAU REGAGNANT L'ÉTABLE, par M. F. Voltz.

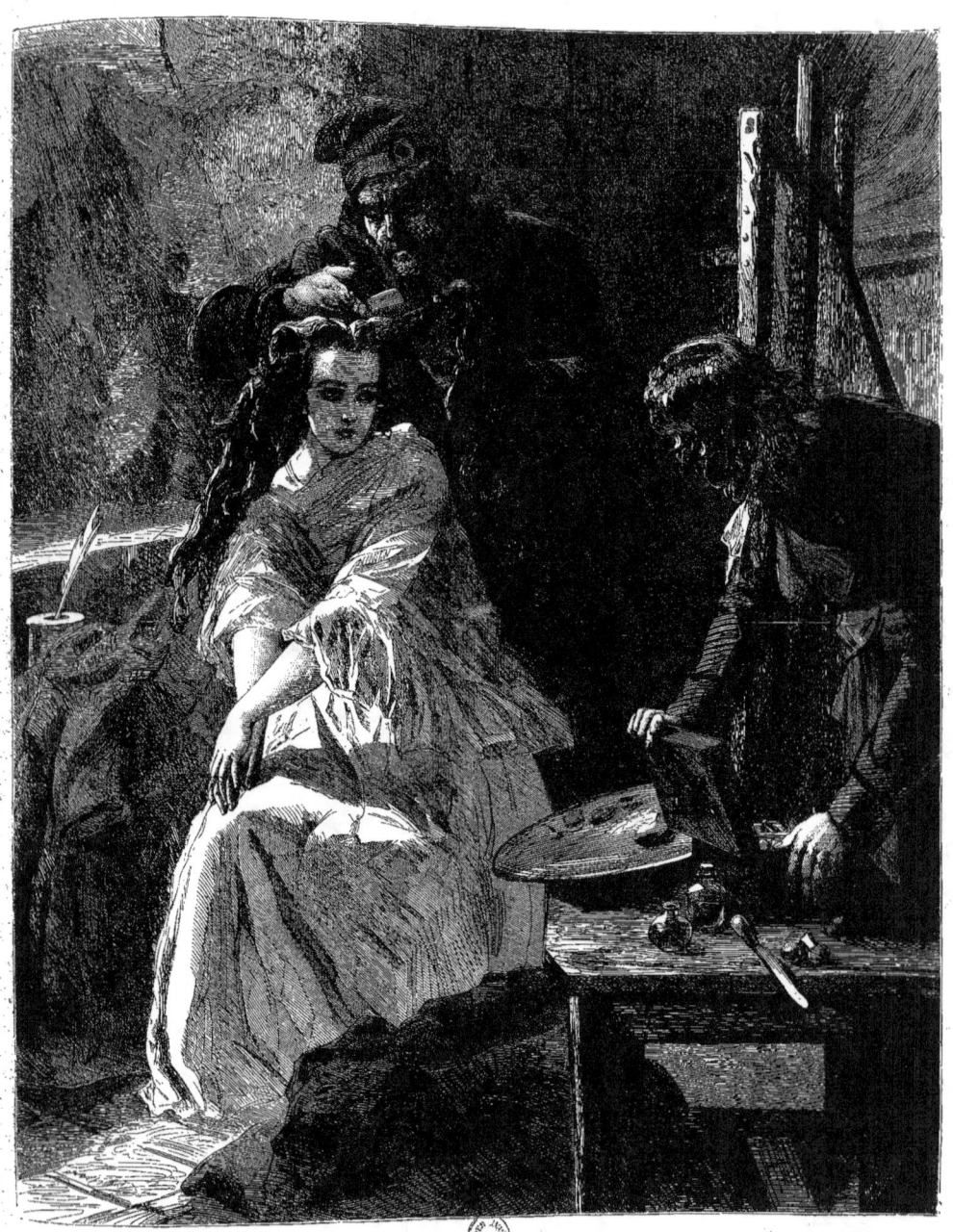

XXIX. — LA DERNIÈRE TOILETTE, par M. Ward.

CHEFS-D'ŒUVRE DE LA GRAVURE MODERNE. 75

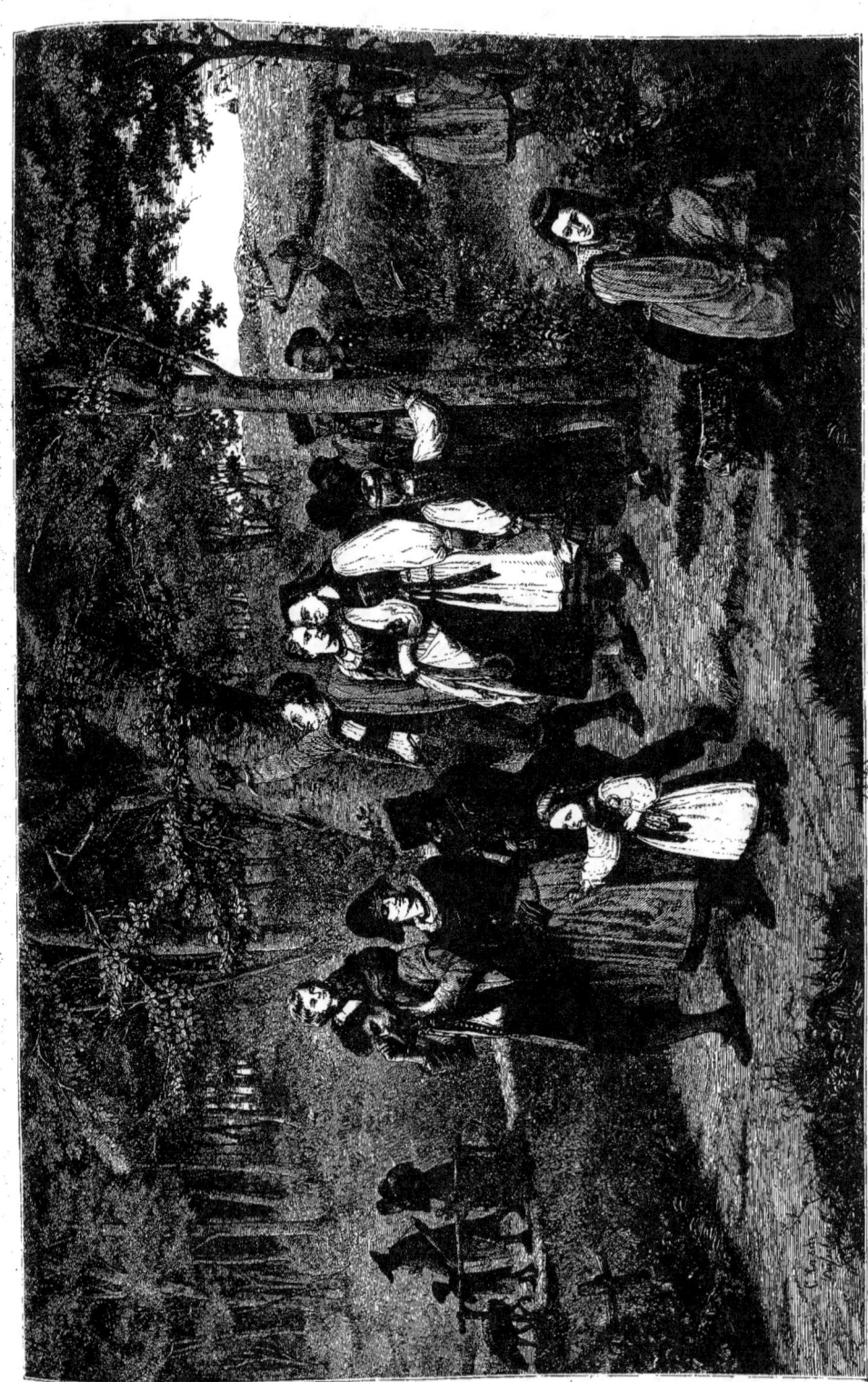

XXX. — LE RETOUR D'UNE FÊTE DE VILLAGE, EN SOUABE, par M. Ch. Lasch.

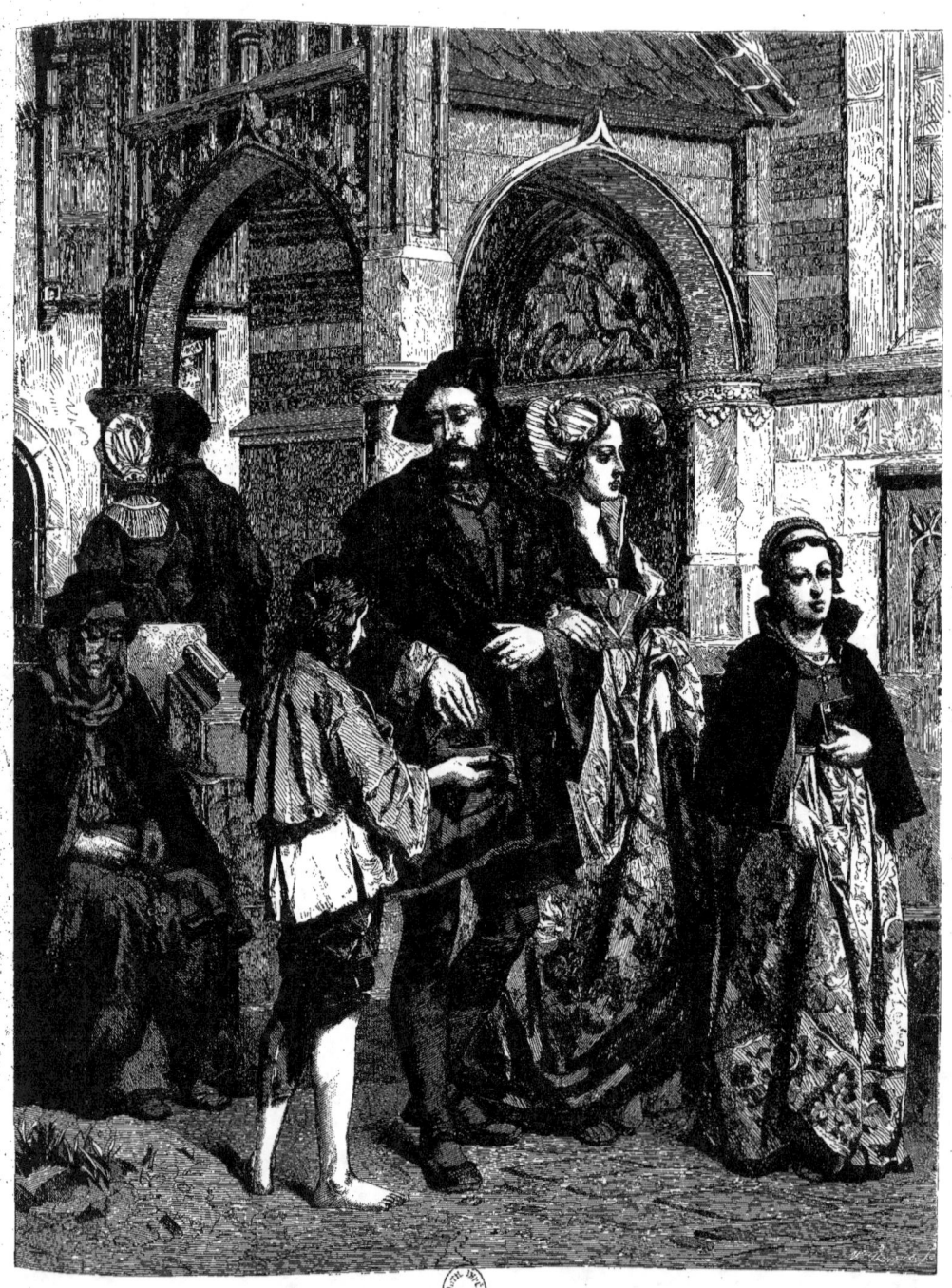

XXXI. — LA SORTIE DE L'ÉGLISE, par M. G. Koller.

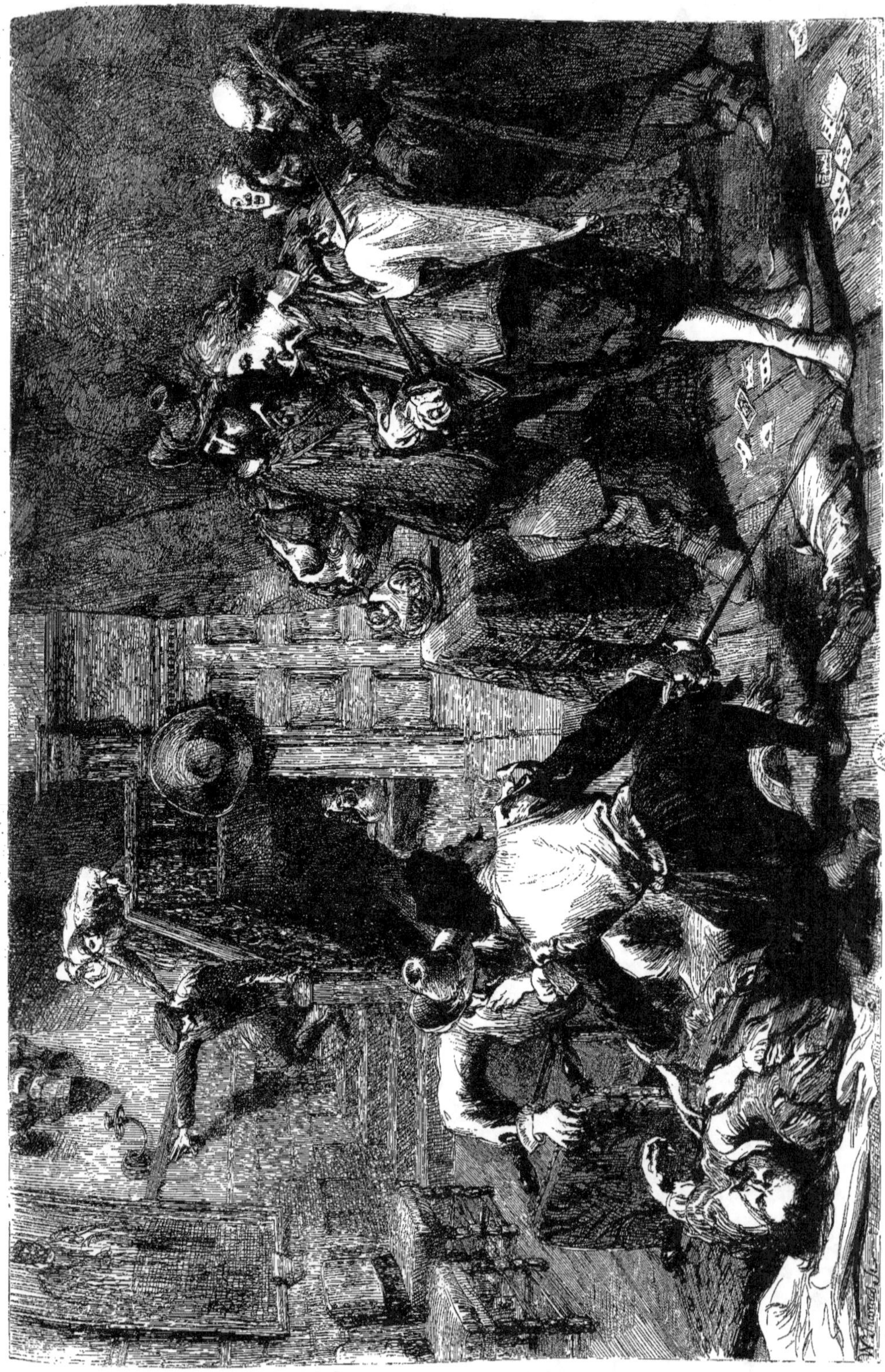

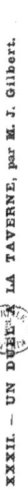

XXXII. — UN DUEL A LA TAVERNE, par M. J. Gilbert.

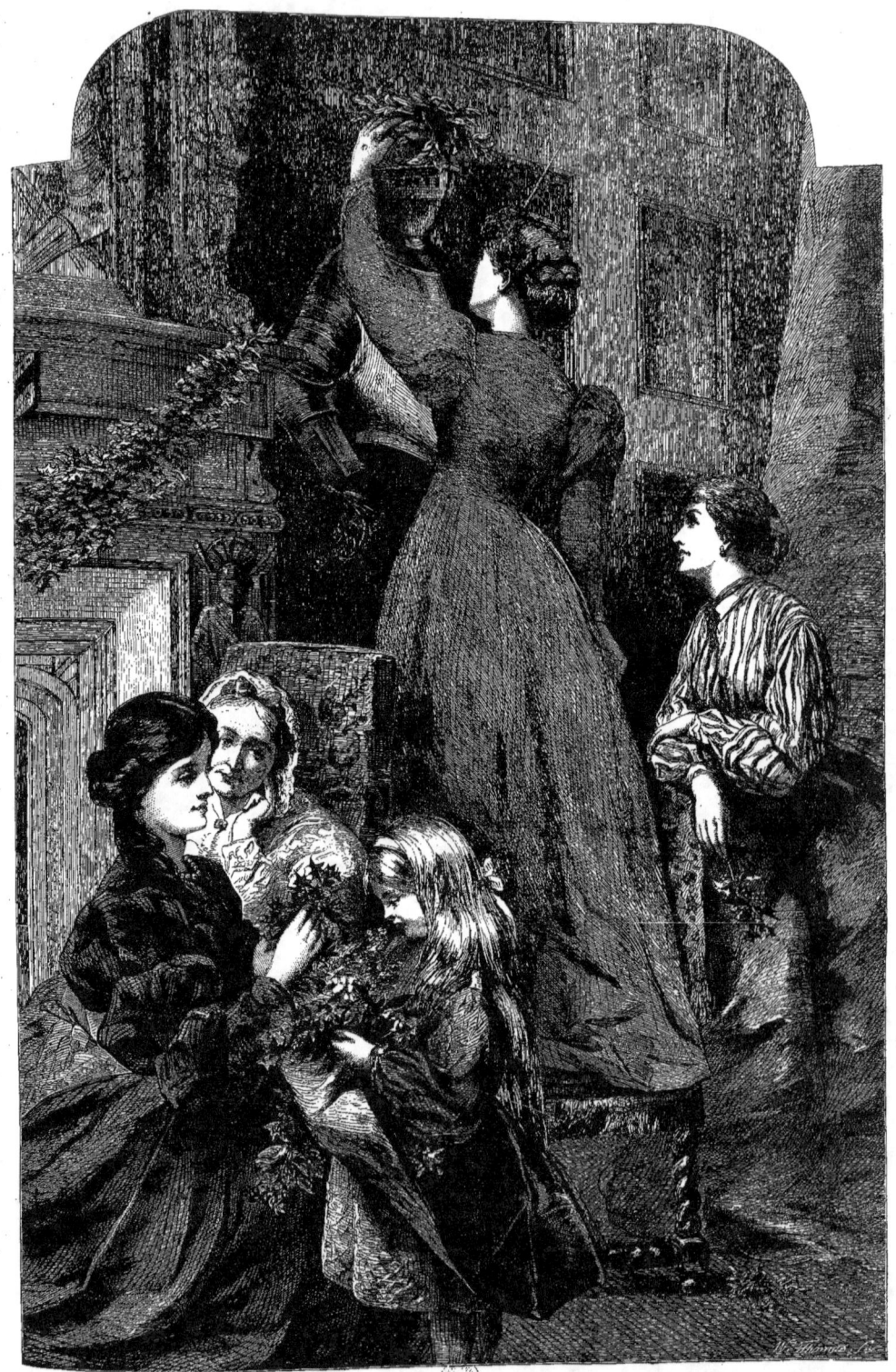

XXXIII. — PRÉPARATIFS DE LA CHRISTMAS, A LONDRES ; par Mlle E. Osborne.

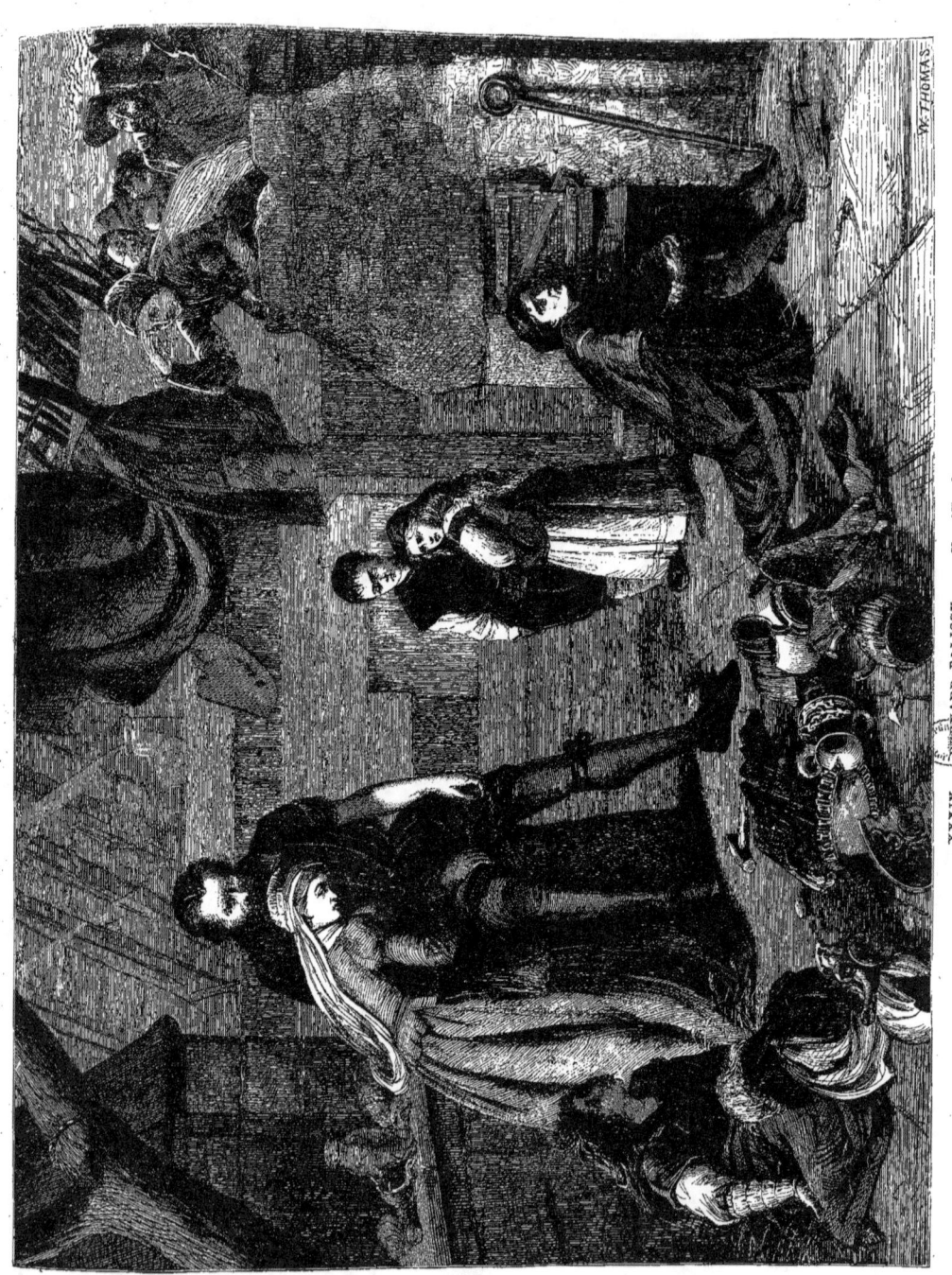

XXXIV. — BERNARD PALISSY, par Mme Ward.

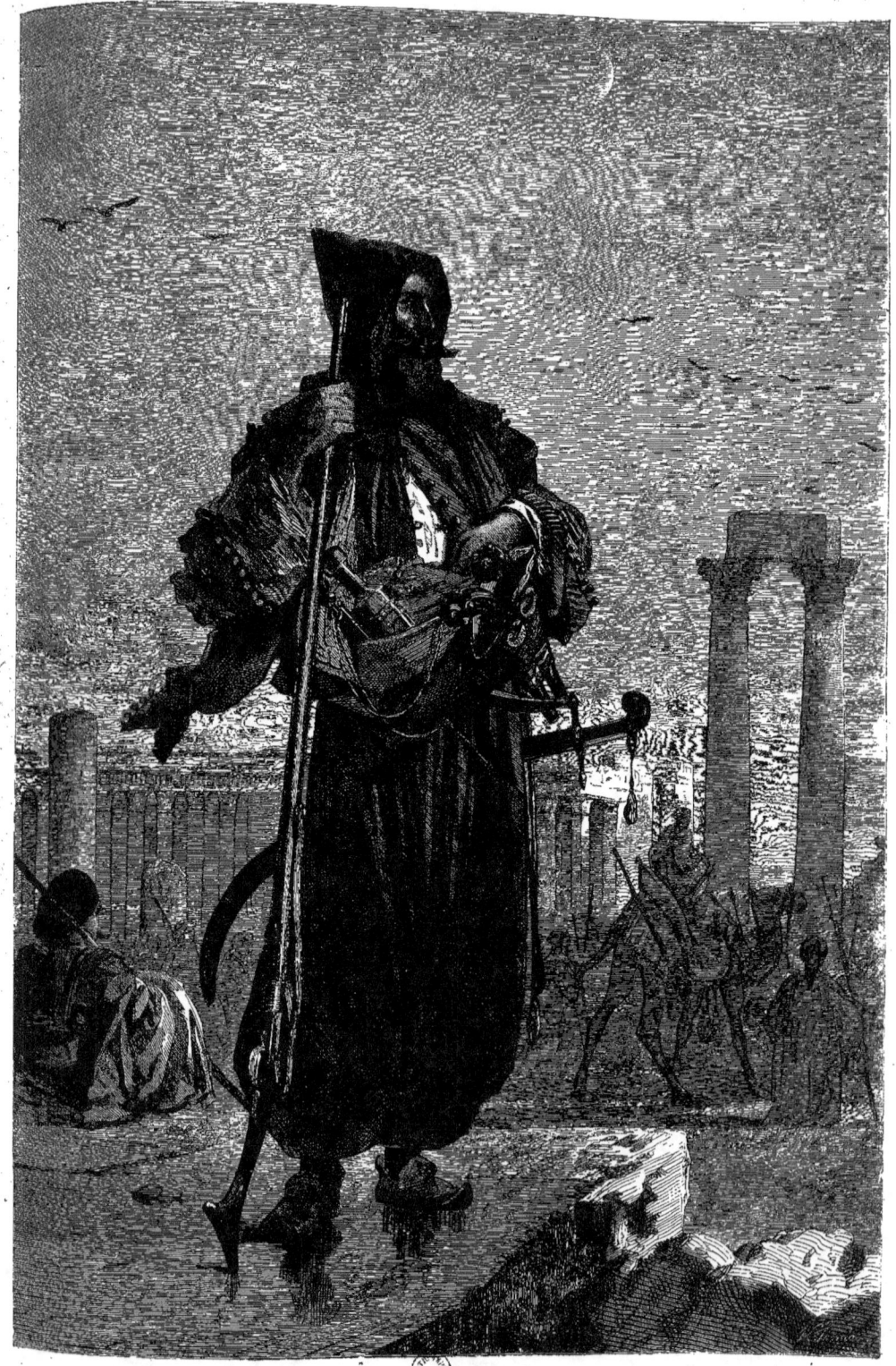

XXXV. — UN CAVAS SYRIEN, par M. C. Haag.

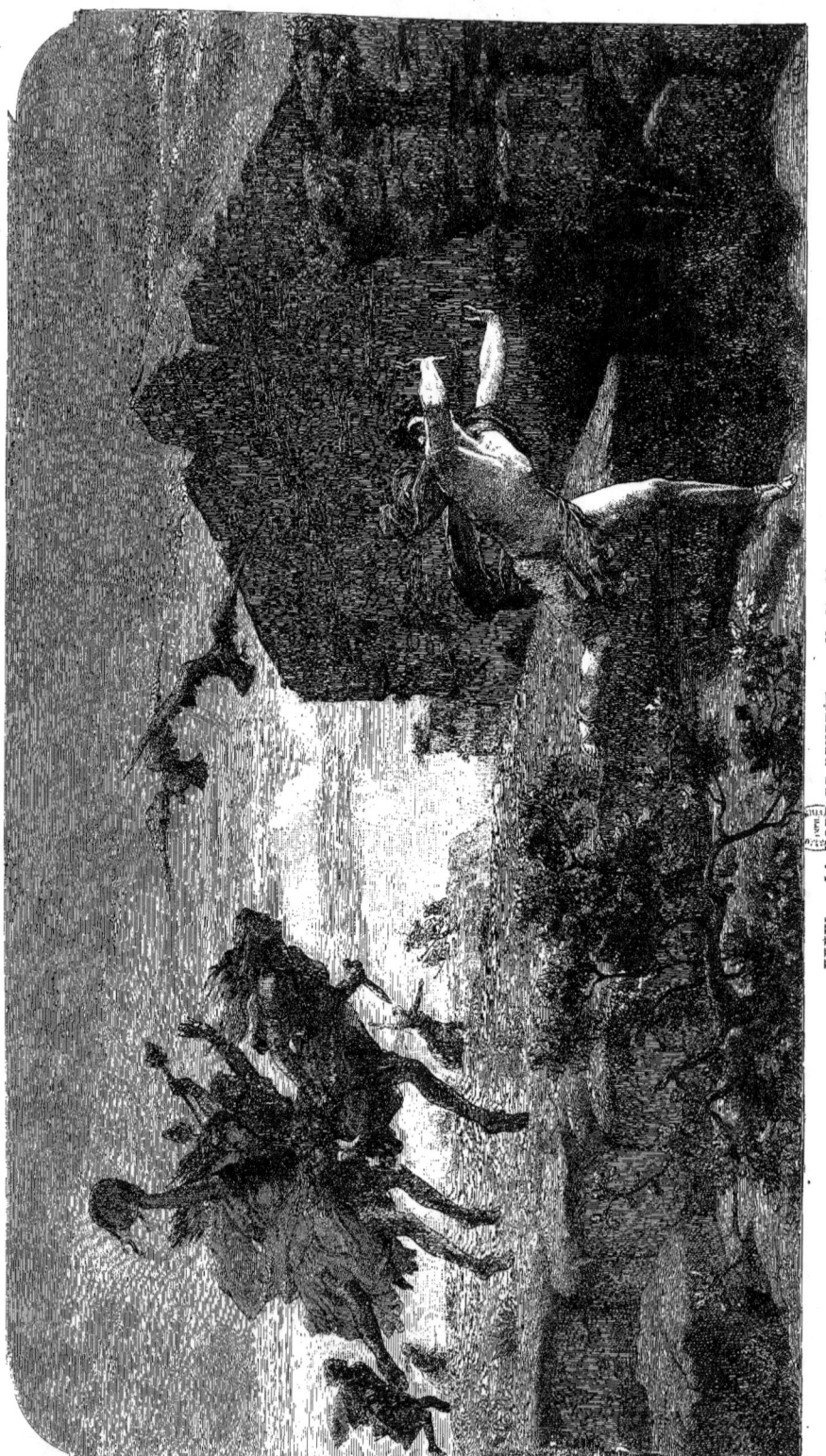

XXXVI. — LA MORT DE PENTHÉE, par M. Ch. Gleyre

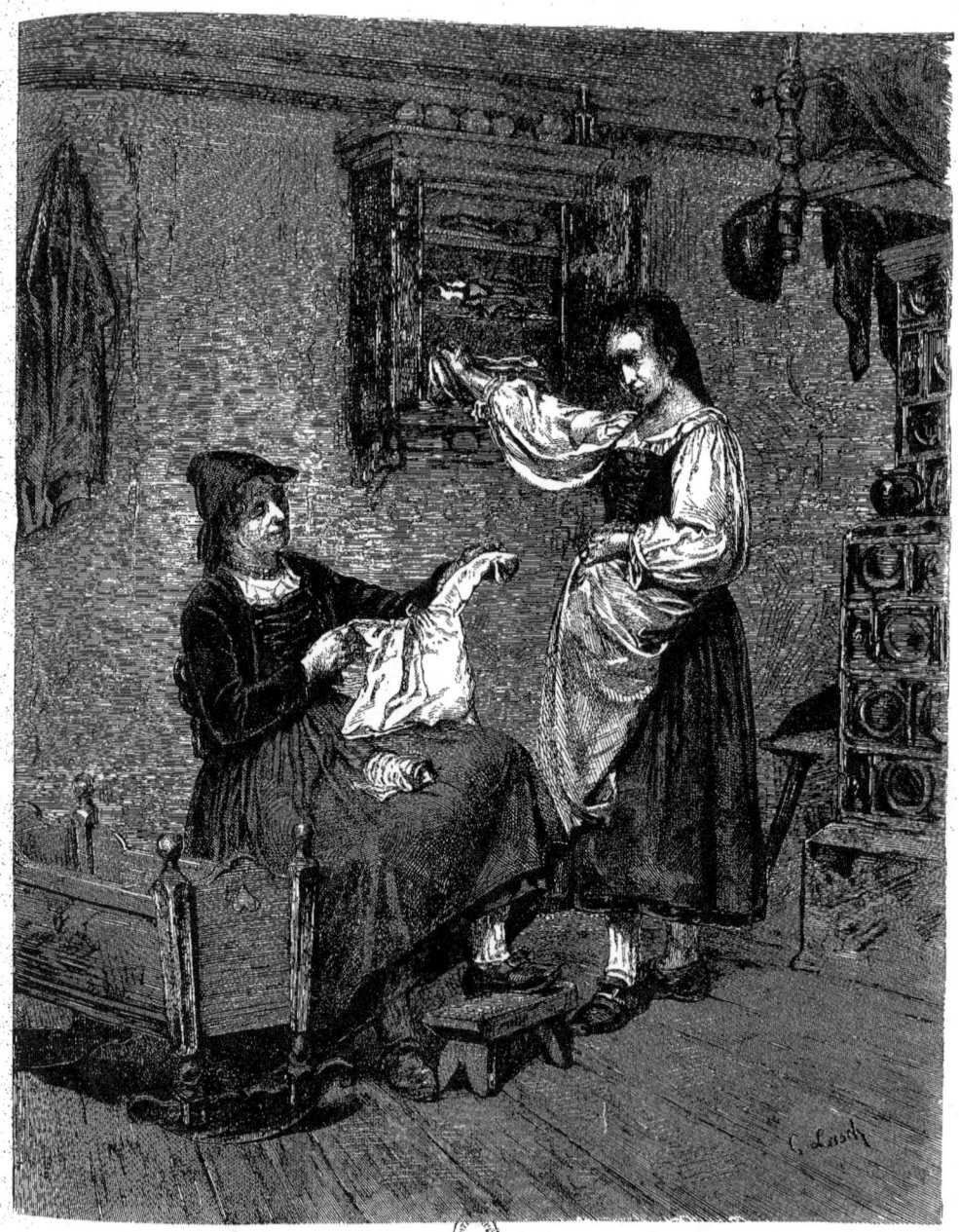

XXXVII. — LA LAYETTE, par M. Ch. Lasch.

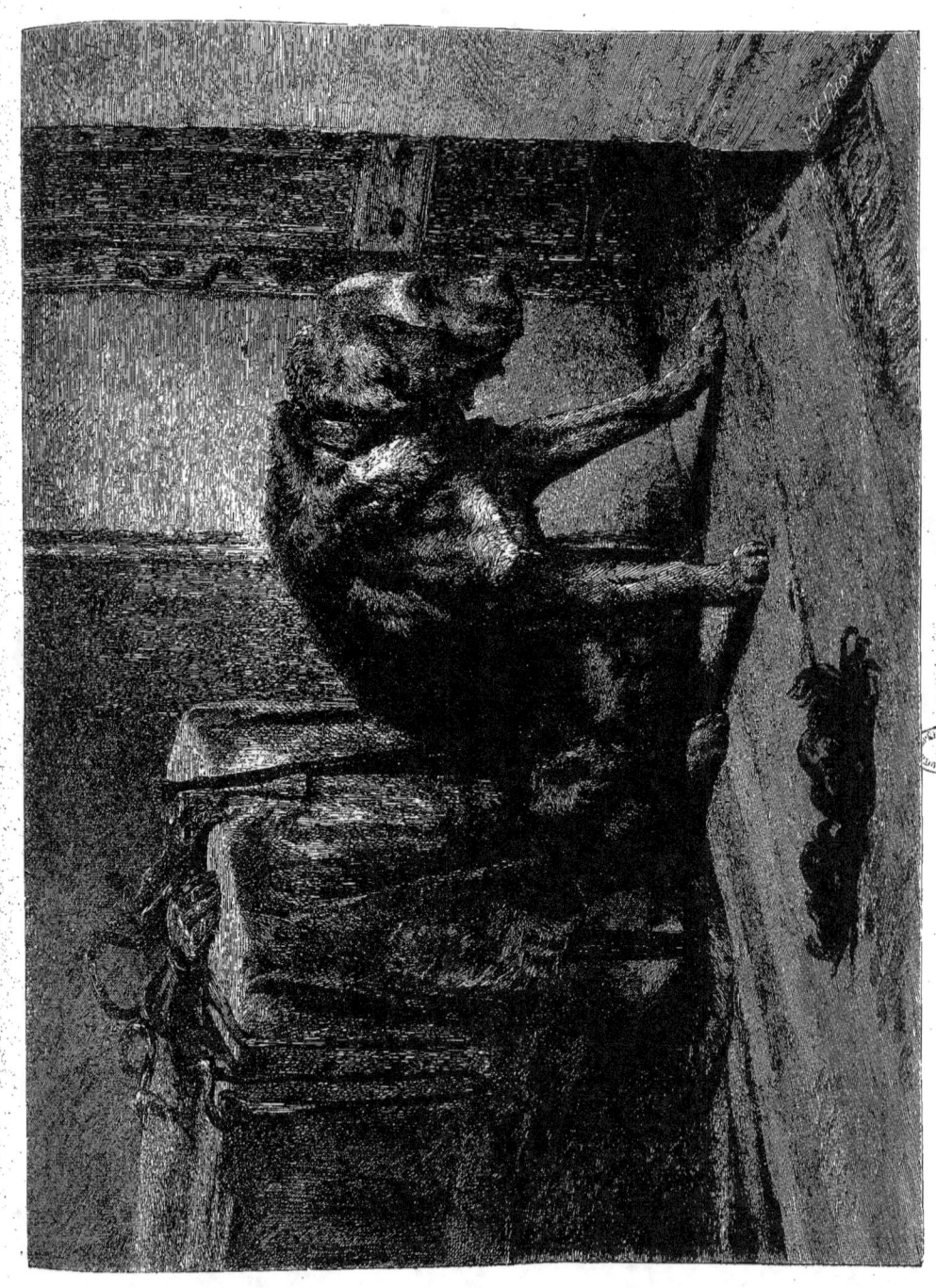

XXXVIII. — LE CHIEN AUX ÉCOUTES, par M. E. Landseer.

CHEFS-D'ŒUVRE DE LA GRAVURE MODERNE. 93

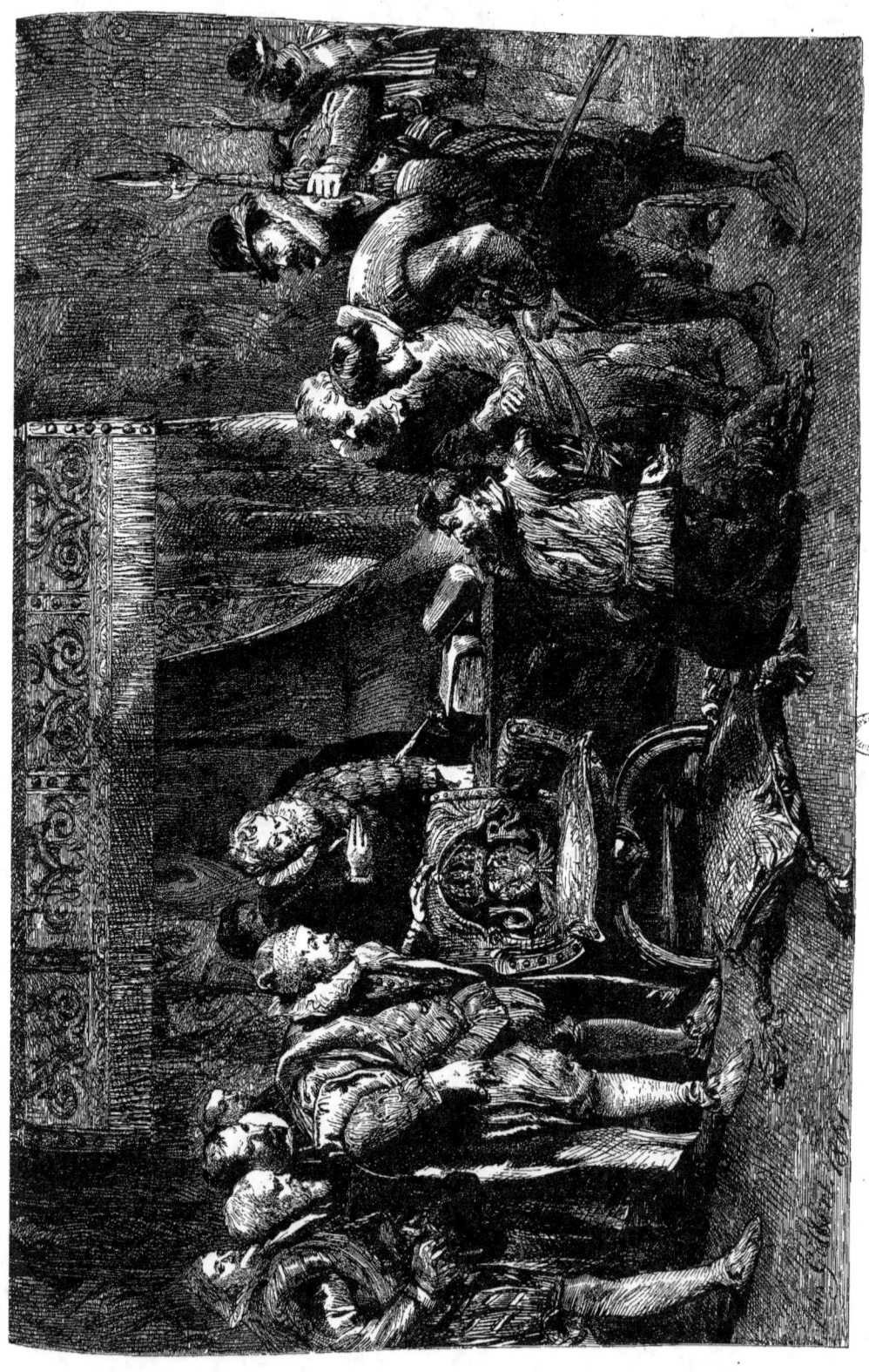

XXXIX. — GUY FAWKES ET JACQUES Ier, par M. Gilbert.

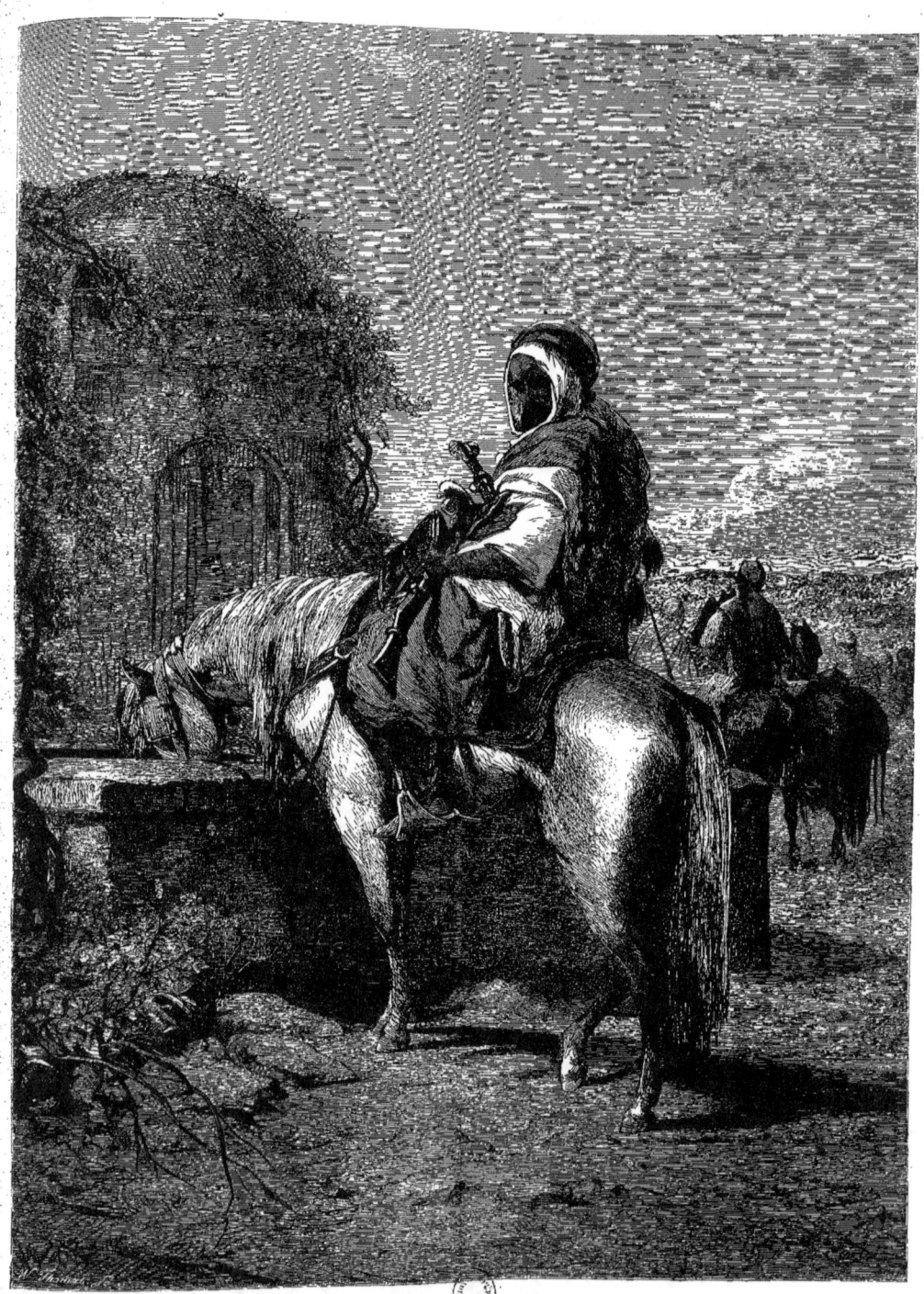

XL. — SUR LA ROUTE DE JÉRUSALEM, par M. Schreyer.

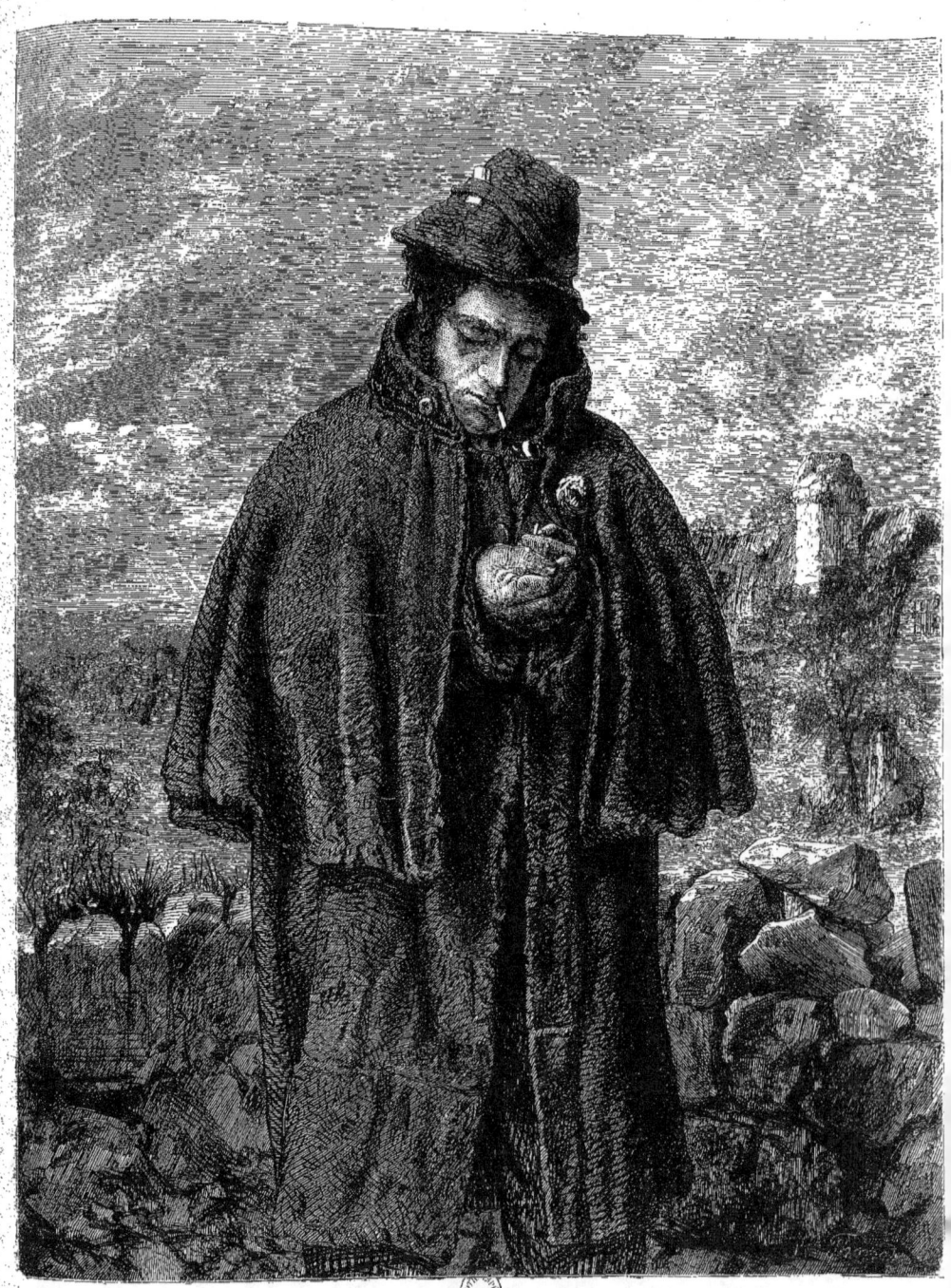

XLI. — LA DERNIERE ALLUMETTE, par M. W. Thomas.

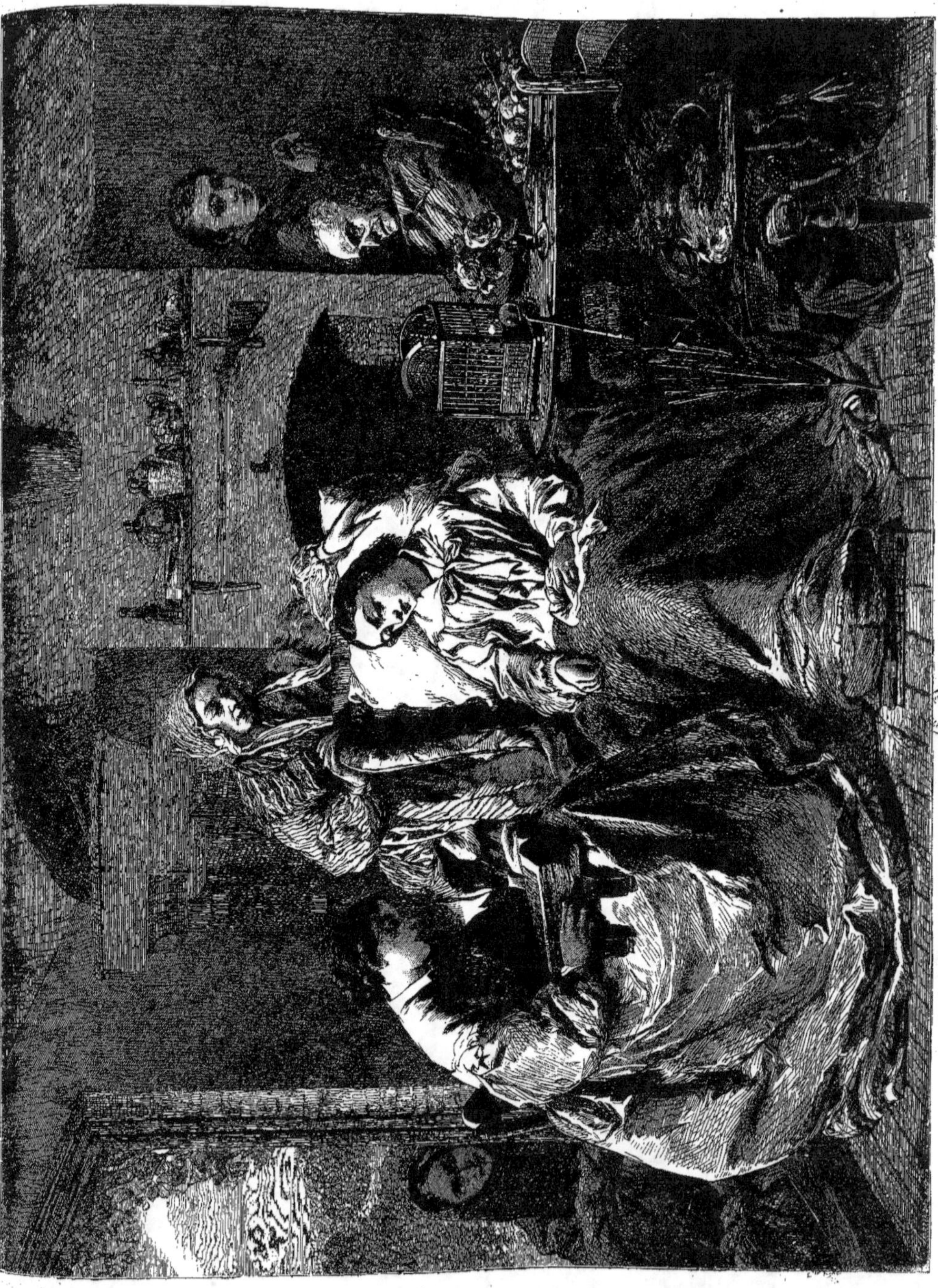

CHEFS-D'ŒUVRE DE LA GRAVURE MODERNE. 99

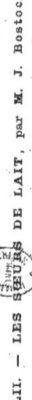

XLII. — LES SŒURS DE LAIT, par M. J. Bostock.

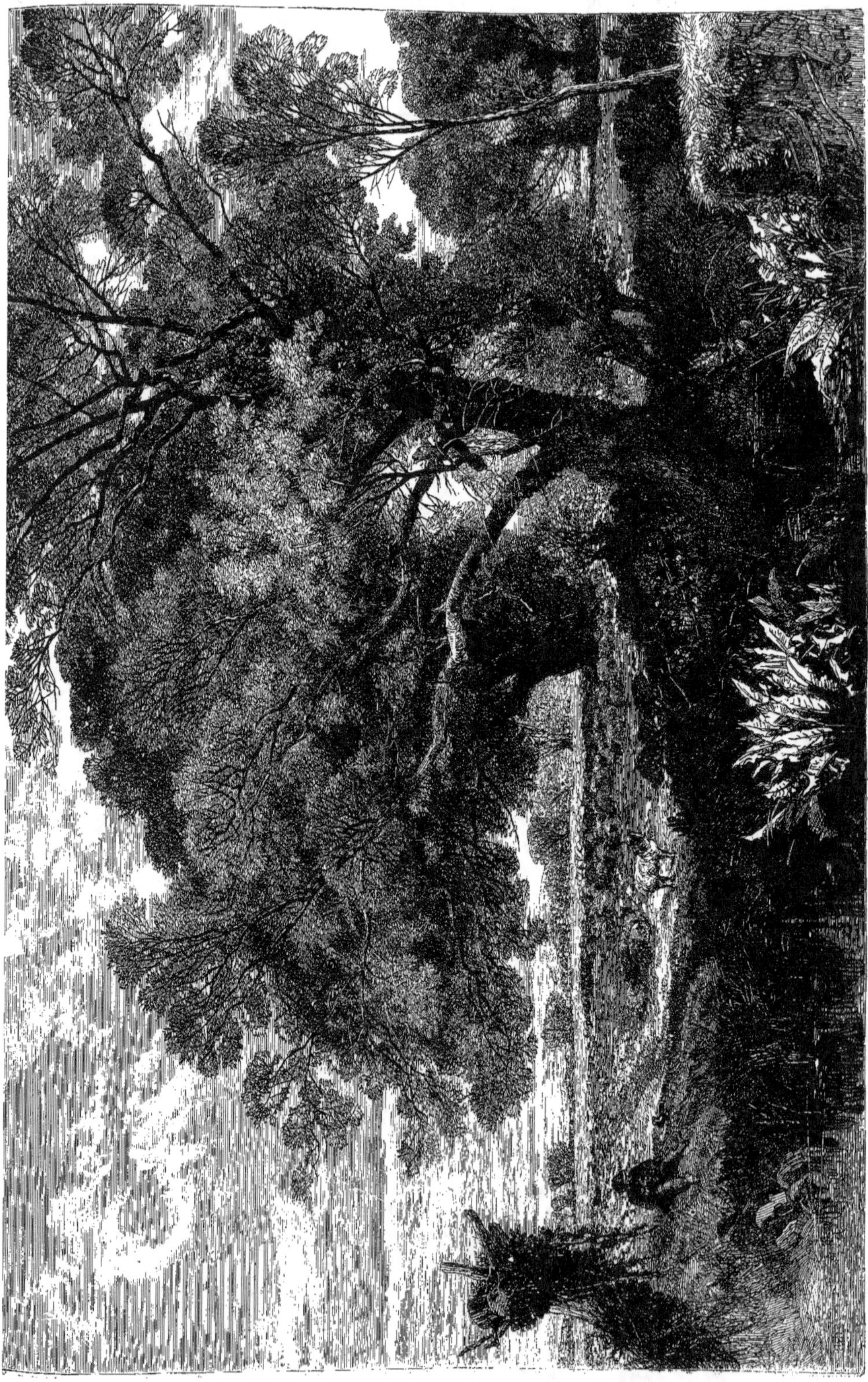

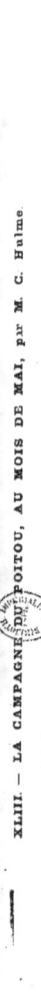

XLIII. — LA CAMPAGNE DU POITOU, AU MOIS DE MAI, par M. G. Hulme.

CHEFS-D'ŒUVRE DE LA GRAVURE MODERNE.

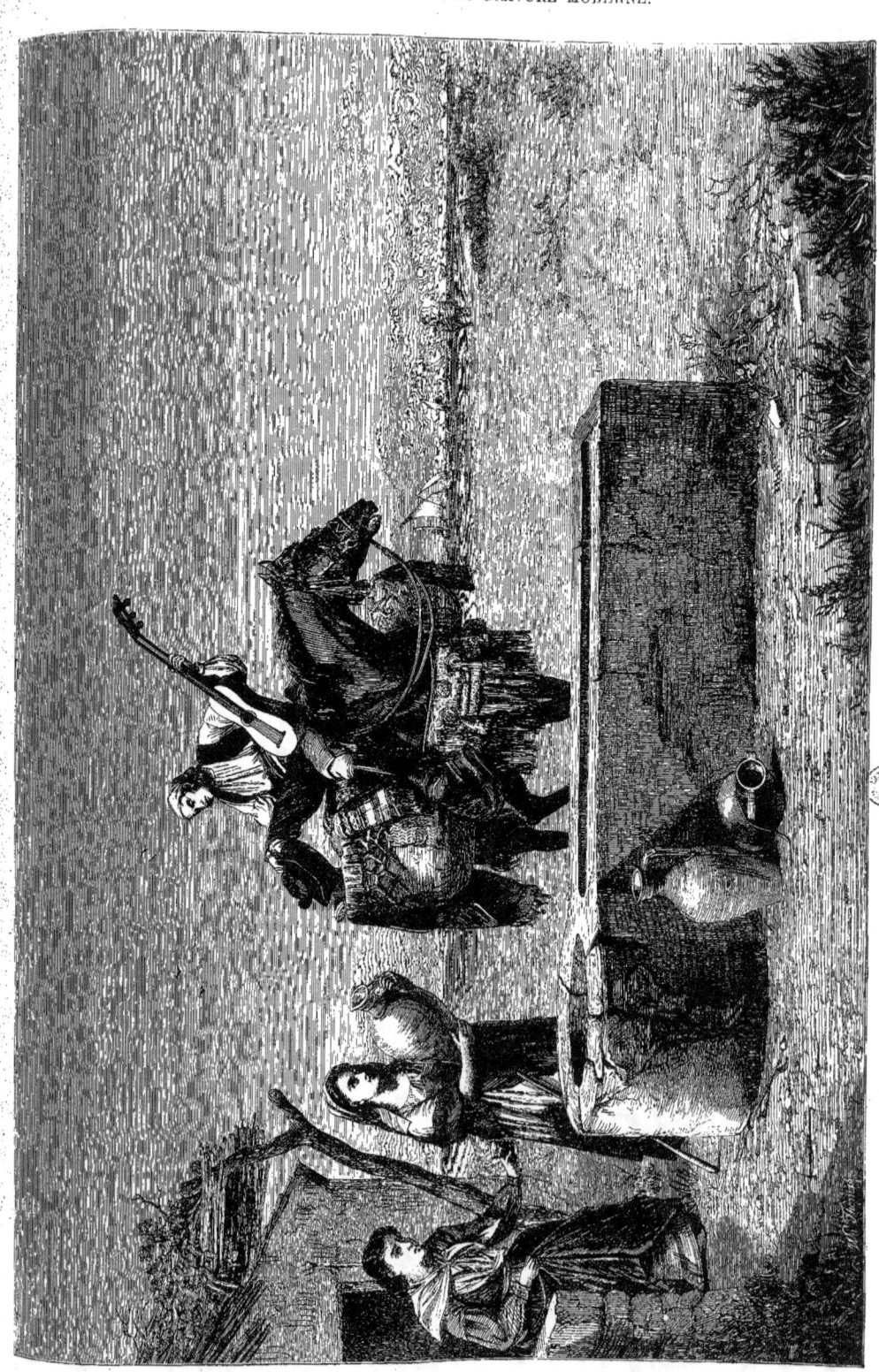

XLIV. — SUR LA ROUTE DE GIBRALTAR, par M. R. Ansdell.

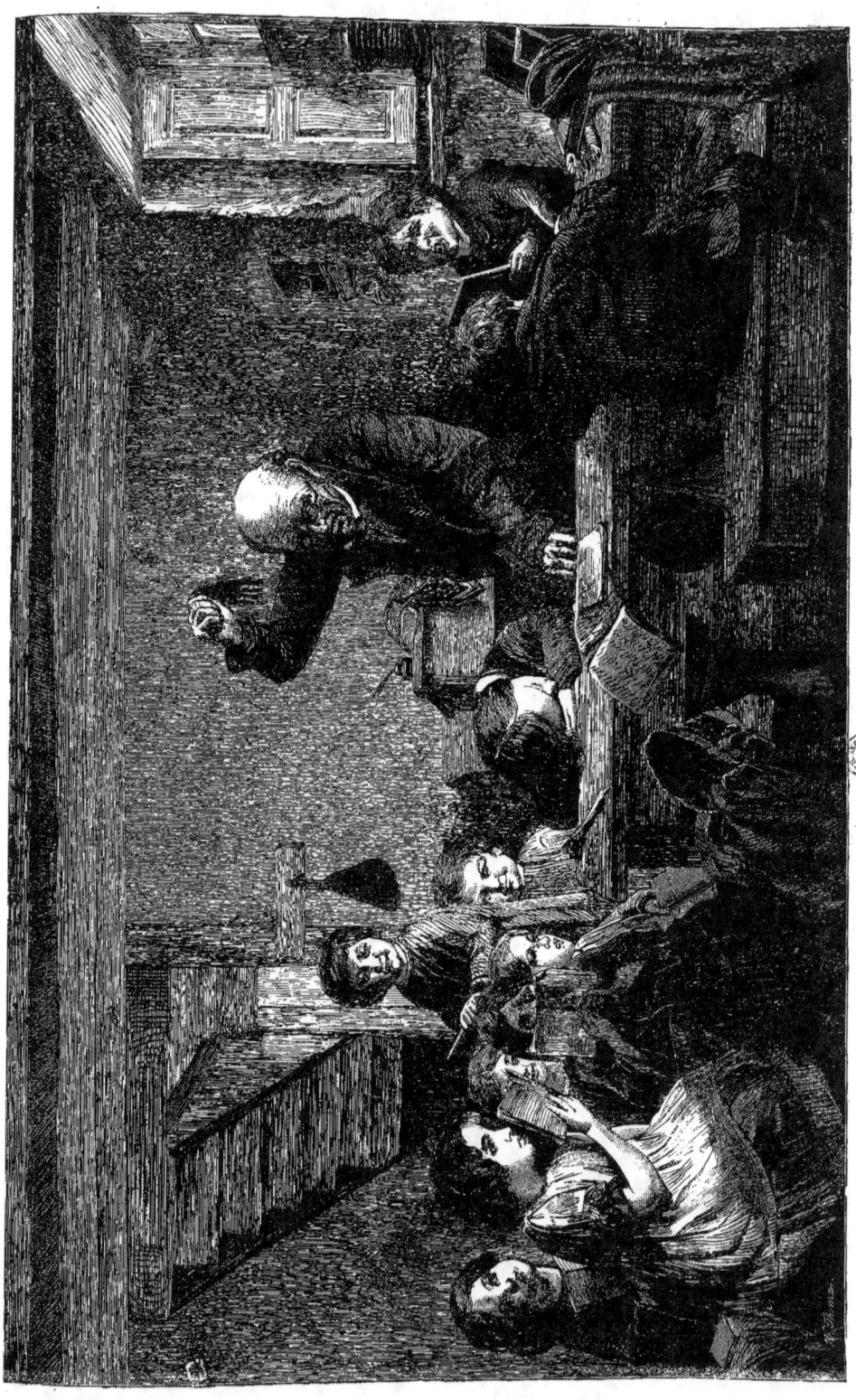

XLV. — LE DORMEUR SURPRIS, par M. A. H. Burr.

CHEFS-D'ŒUVRE DE LA GRAVURE MODERNE.

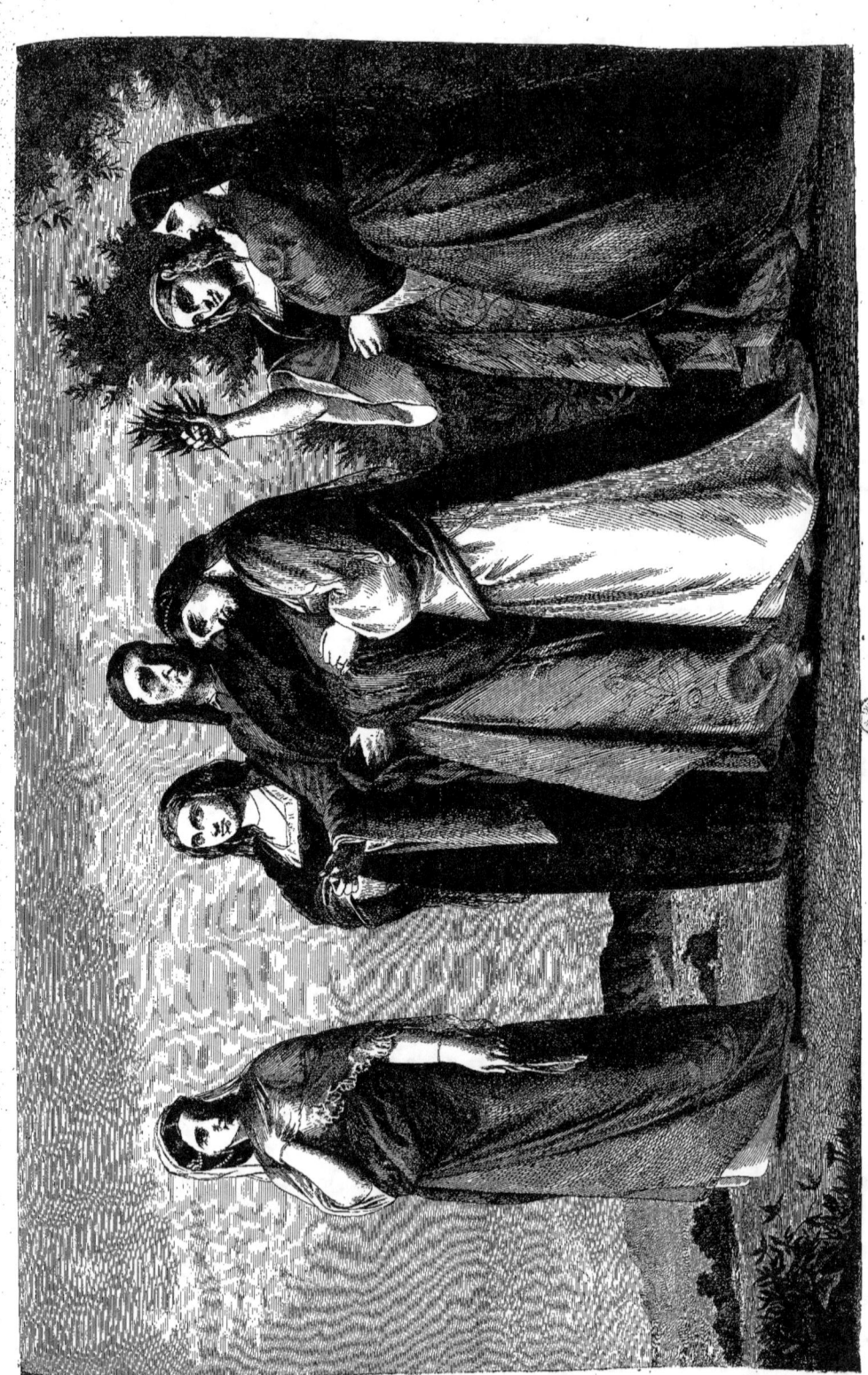

XLVI. — LE DANTE ENTOURÉ DES FEMMES NOBLES DE RAVENNE, par M. A. Feuerbach.

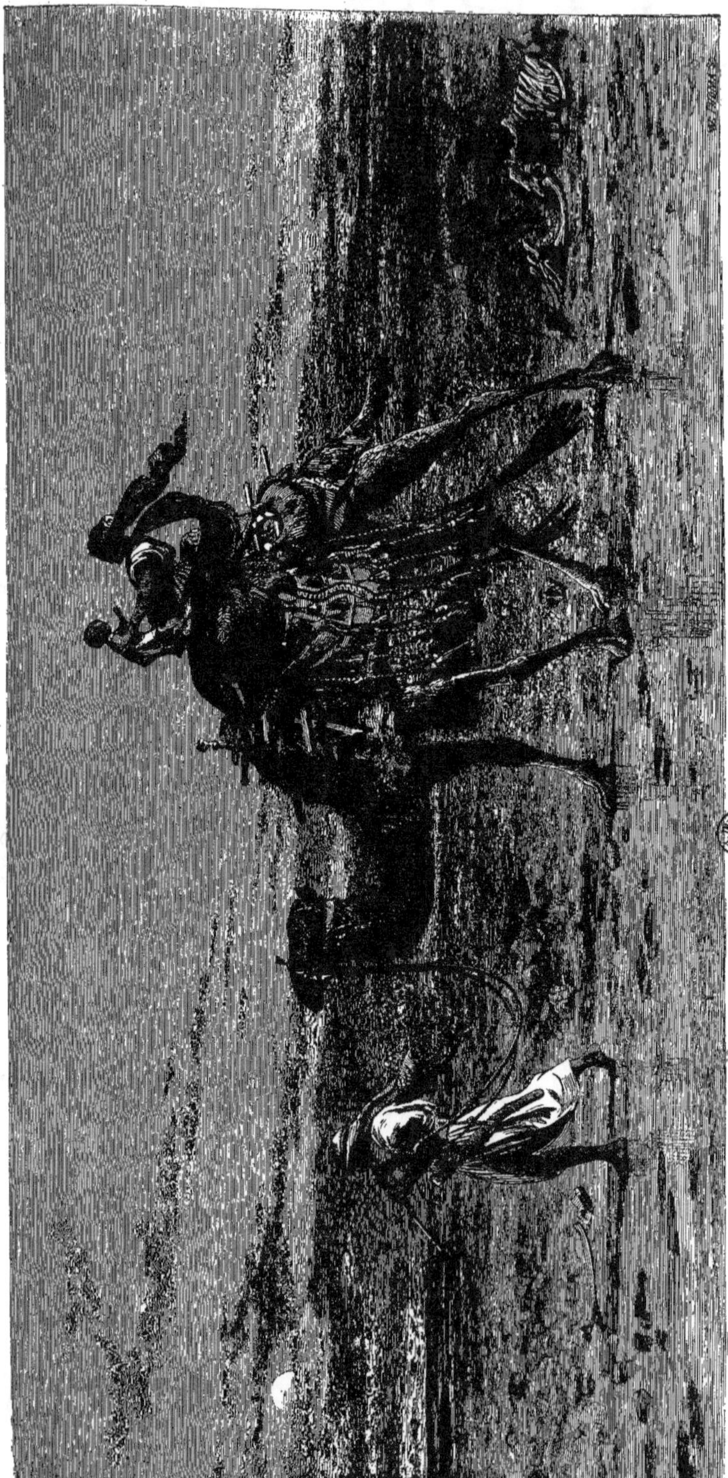

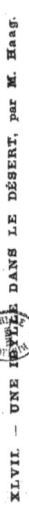

XLVII. — UNE IDYLLE DANS LE DÉSERT, par M. Haag.

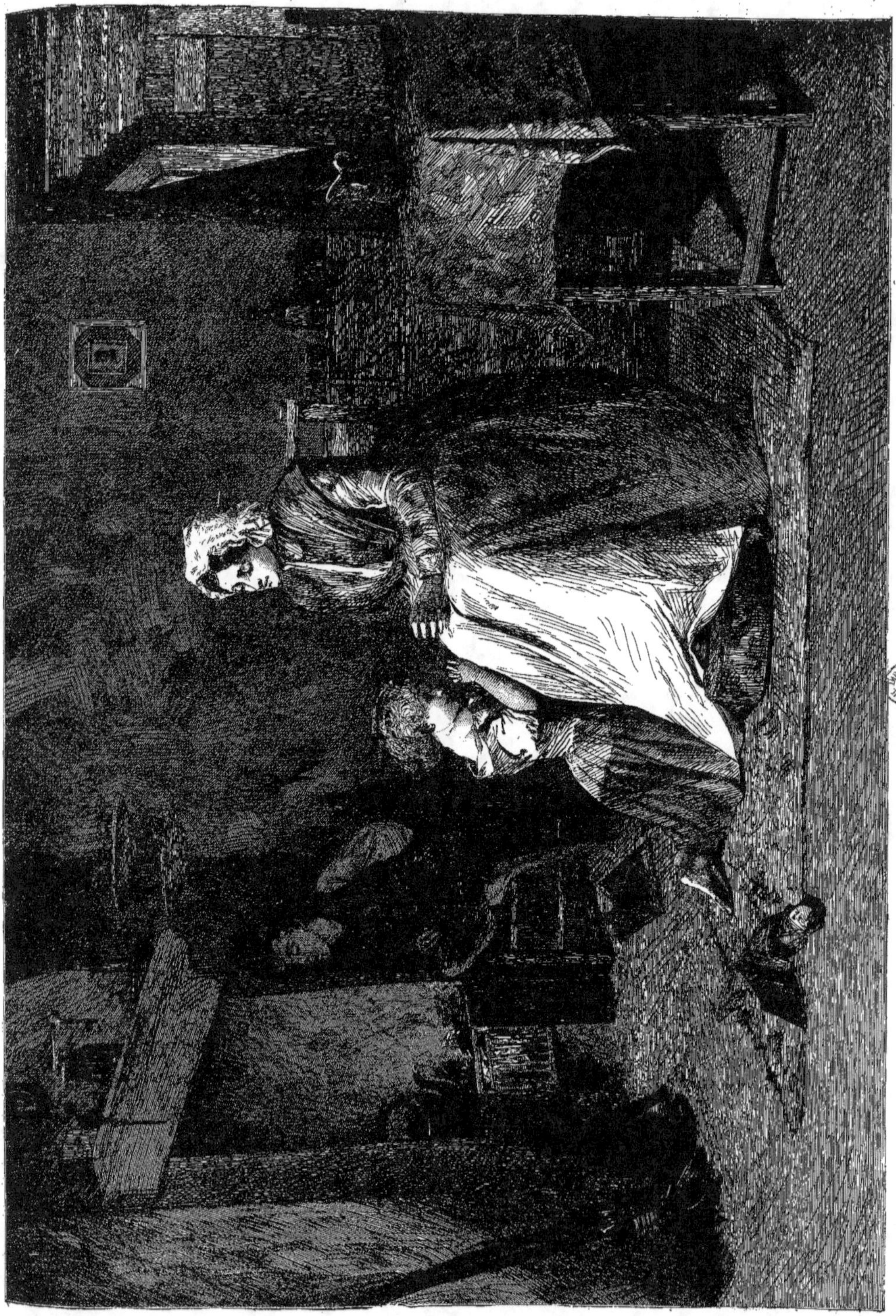

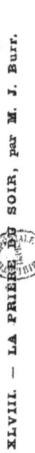

XLVIII. — LA PRIÈRE DU SOIR, par M. J. Burr.

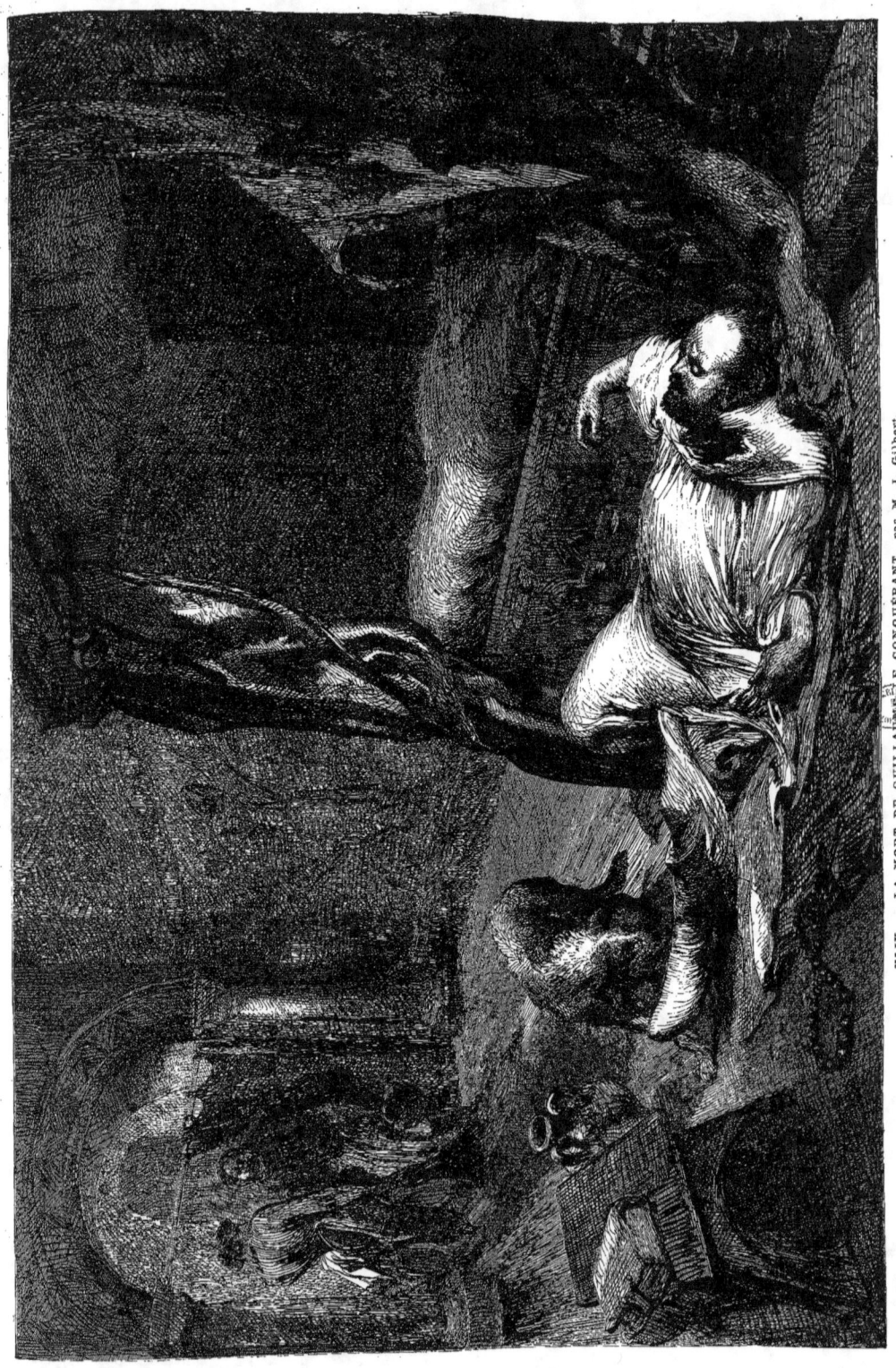

XLIX. — LA MORT DE GUILLAUME LE CONQUÉRANT, par M. J. Gilbert.

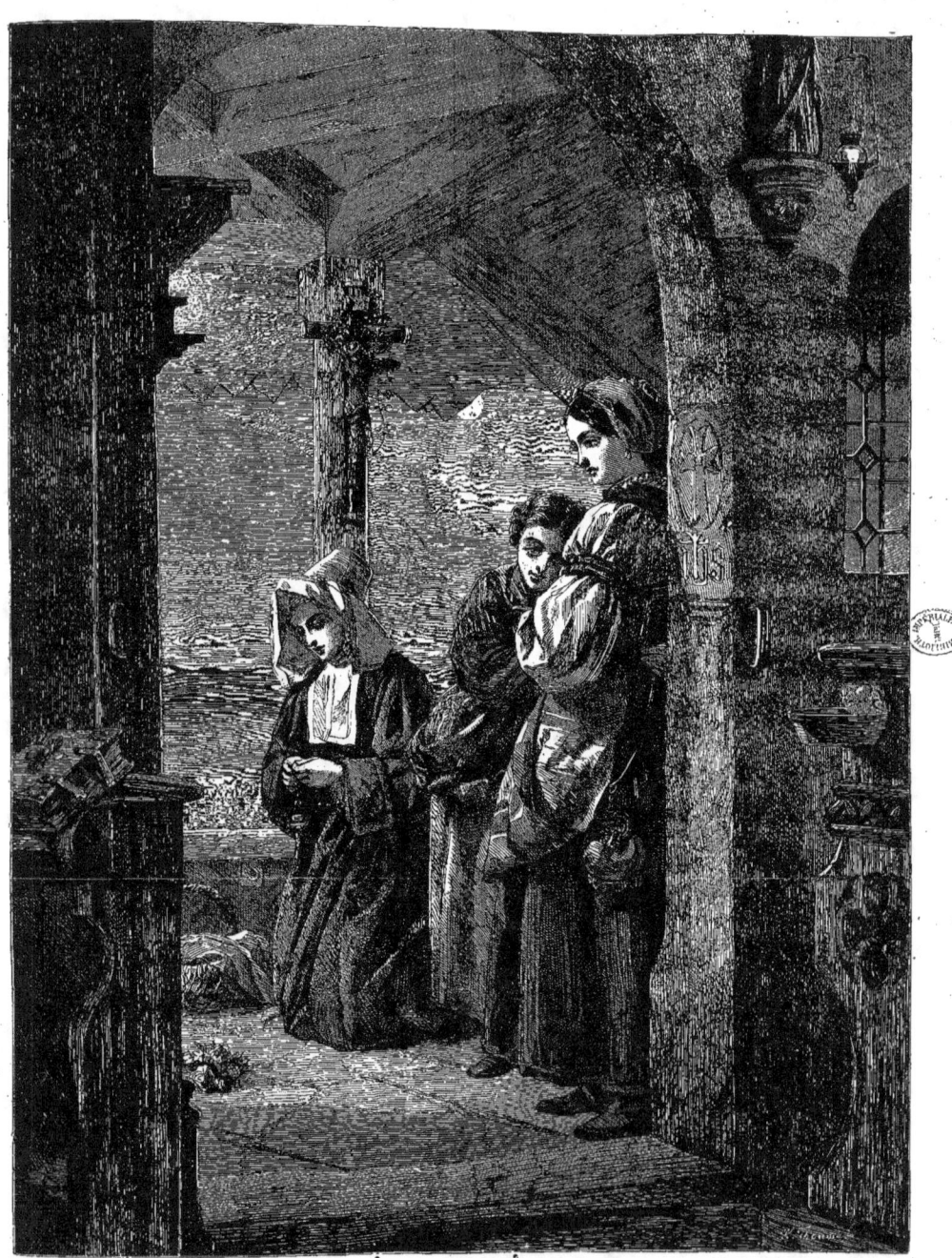

L. — UN COUVENT DE SŒURS DE CHARITÉ EN ITALIE, par M. Wyburd.

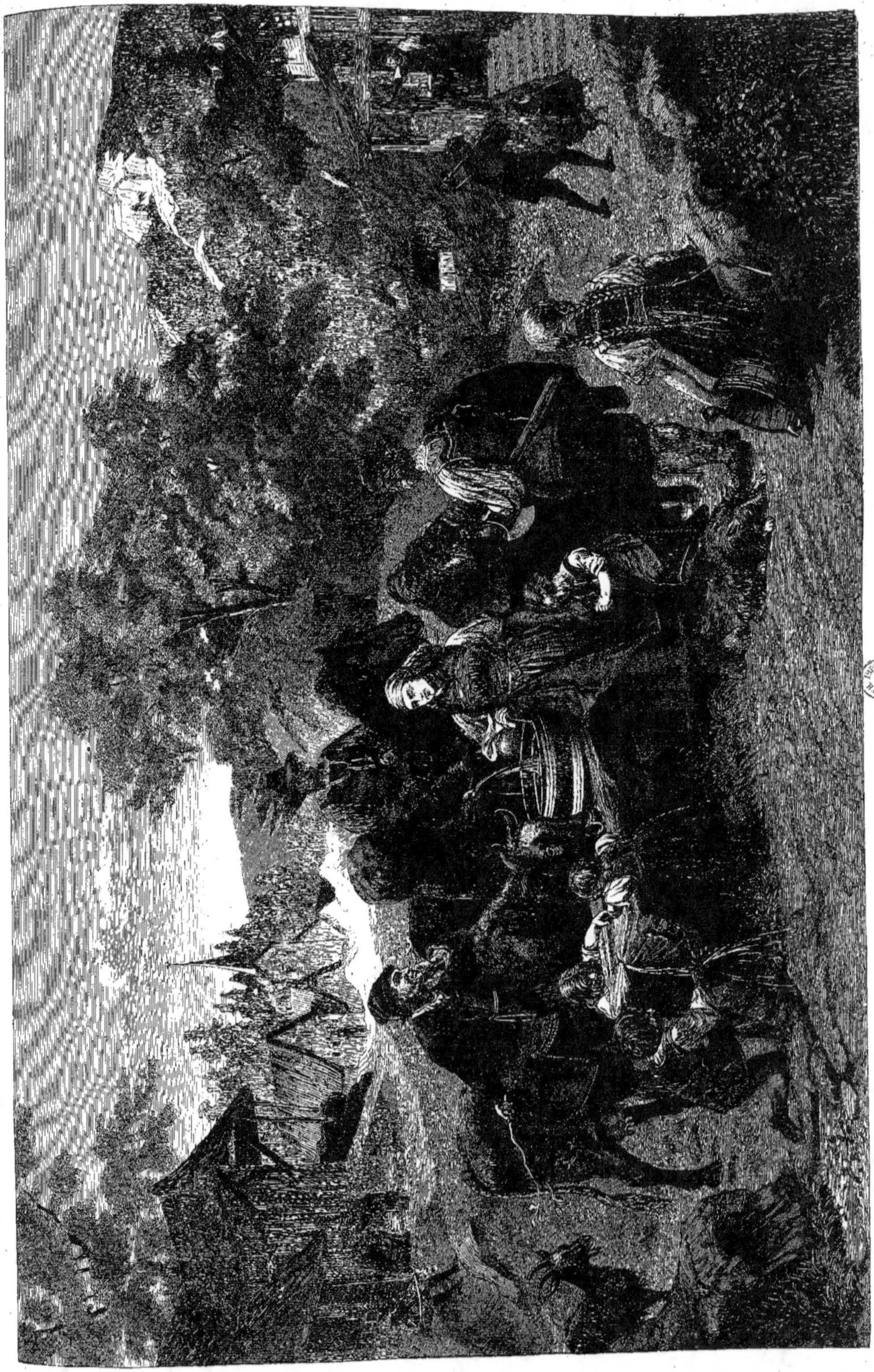

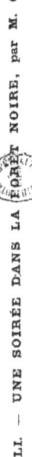

LI. — UNE SOIRÉE DANS LA FORÊT NOIRE, par M. C. Bottcher.

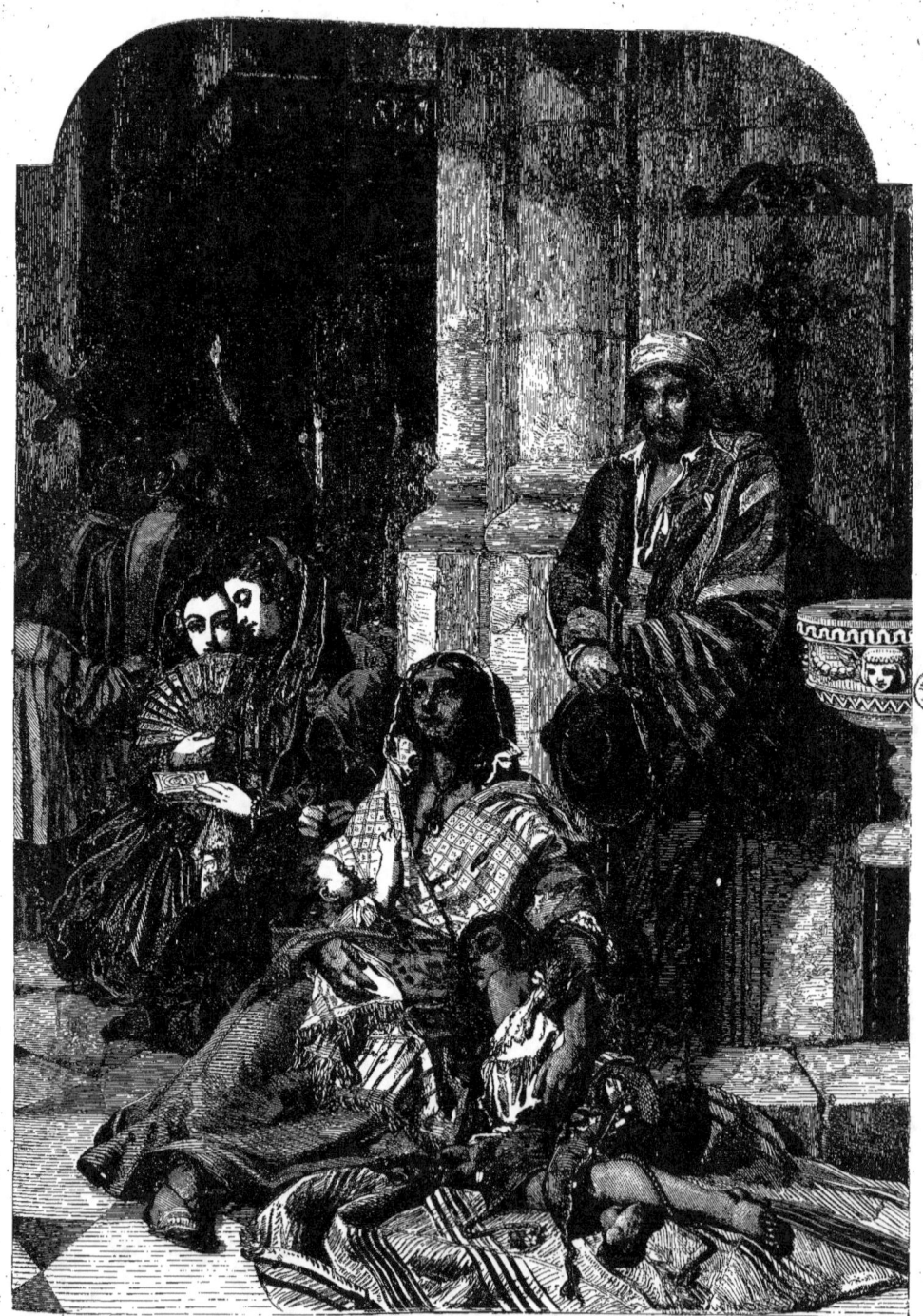

LII. — INTÉRIEUR D'UNE ÉGLISE ESPAGNOLE, par M. M...

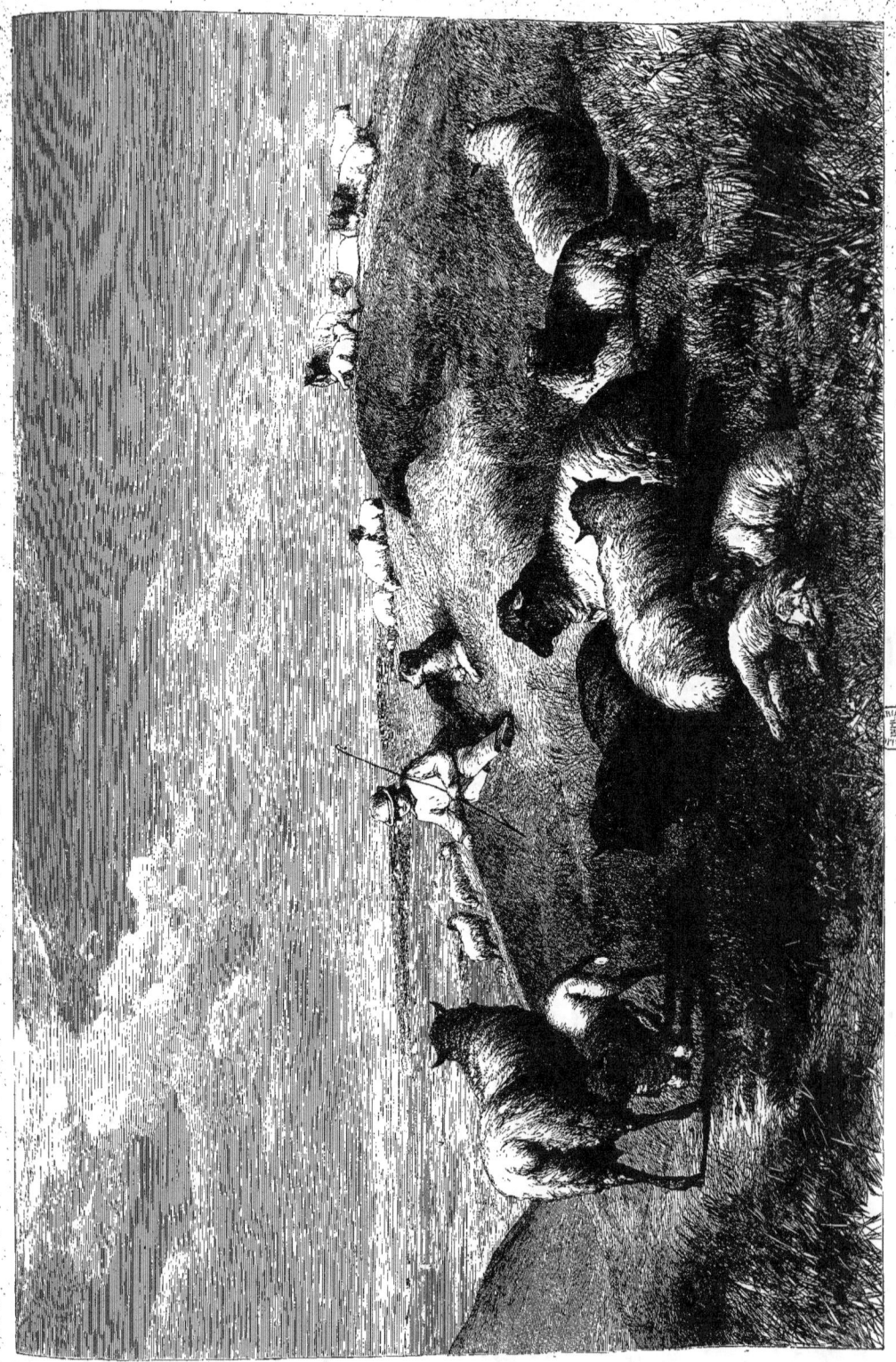

LIII. — LE BERGER ET SON TROUPEAU, par M. Willis.

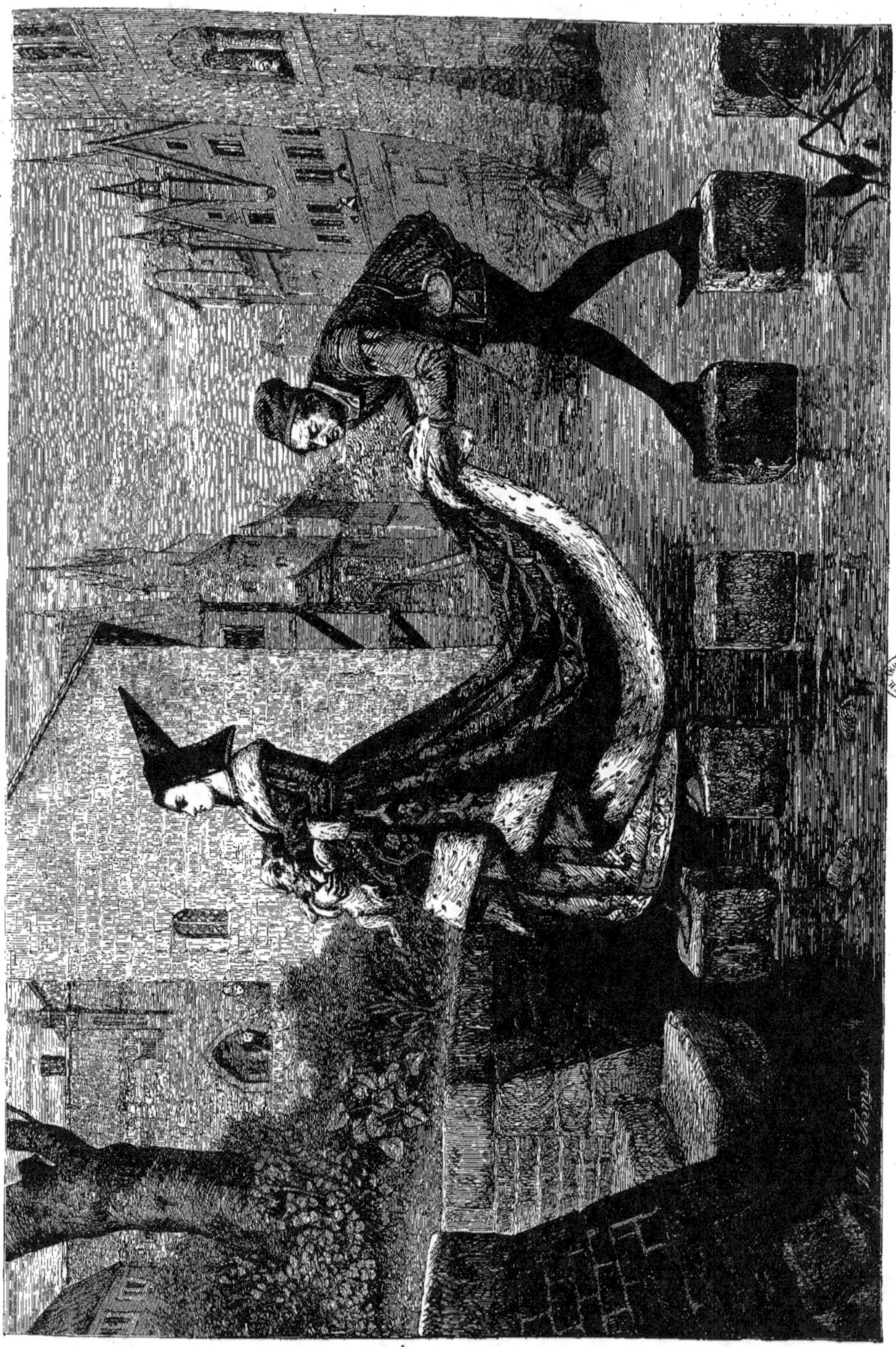

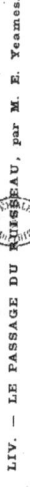

LIV. — LE PASSAGE DU RUISSEAU, par M. E. Yeames.

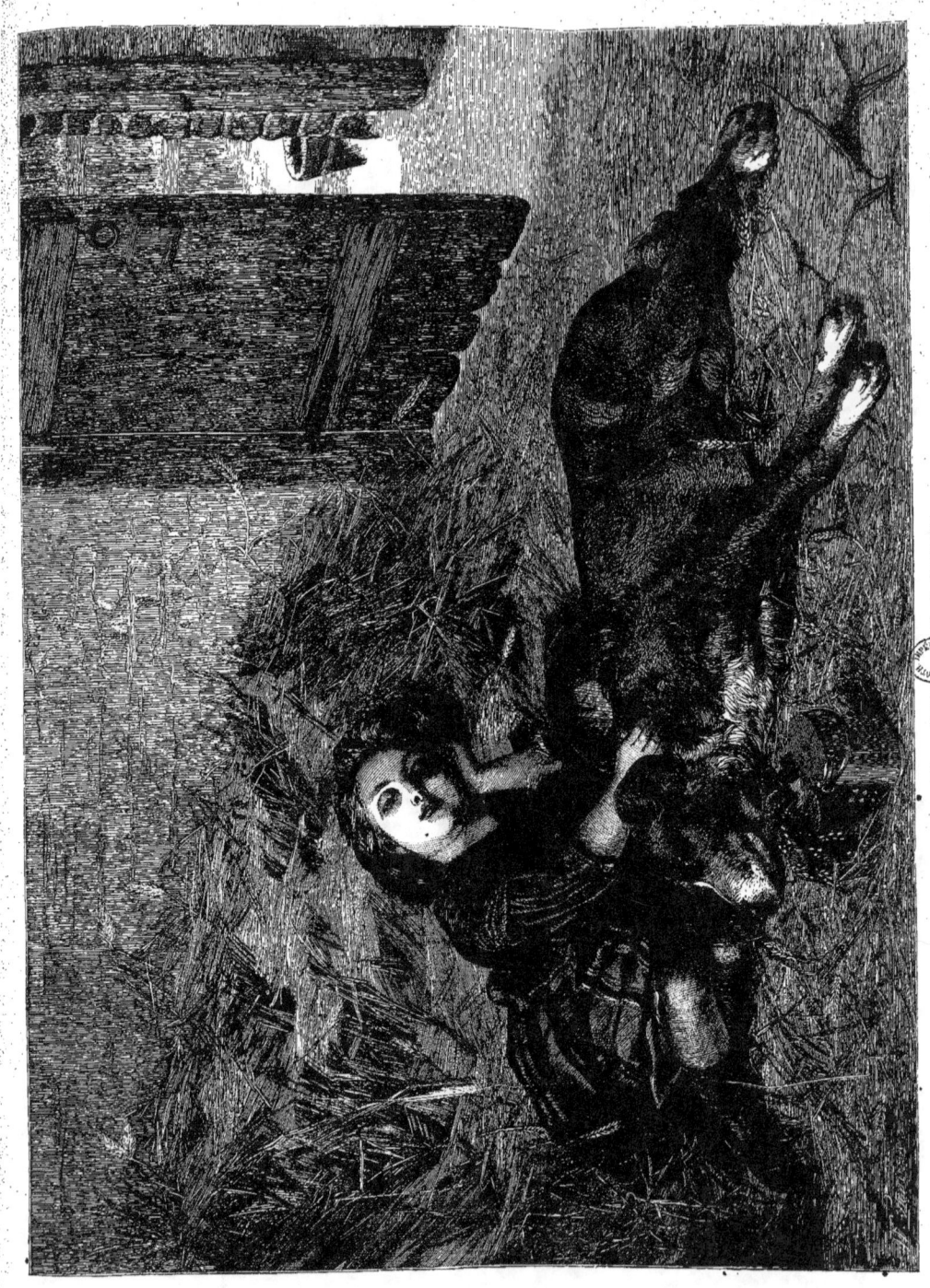

LV. — L'ABREUVOIR, M. G. BONVIN.

CHEFS-D'ŒUVRE DE LA GRAVURE MODERNE. 127

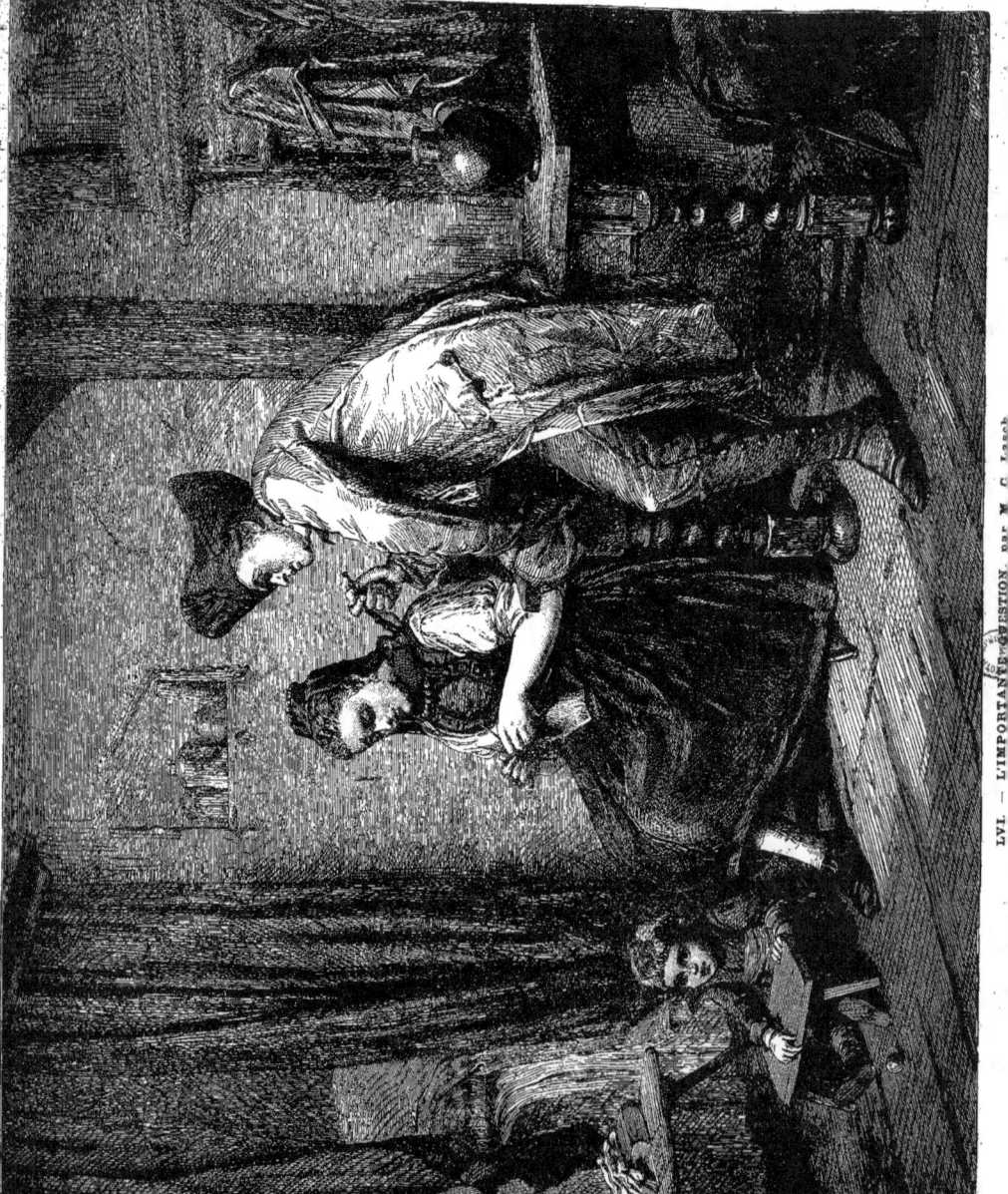

LVI. — L'IMPORTANTE QUESTION, par M. C. Lasch.